As decisões do
coração estão
sempre certas

Fernando Meligeni
com André Kfouri

As decisões do coração estão sempre certas

e outras verdades que aprendi com meu pai sobre o tênis e a vida

Copyright © 2025 por André Kfouri e Fernando Meligeni

Todos os direitos reservados. Nenhuma parte deste livro pode ser utilizada ou reproduzida sob quaisquer meios existentes sem autorização por escrito dos editores.

coordenação editorial: Sibelle Pedral
produção editorial: Livia Cabrini
preparo de originais: Ângelo Lessa
revisão: Hermínia Totti e Luis Américo Costa
projeto gráfico e diagramação: Natali Nabekura
capa: Ana Paula Daudt Brandão
imagens de capa e miolo: Acervo do autor
impressão e acabamento: Bartira Gráfica

CIP-BRASIL. CATALOGAÇÃO NA PUBLICAÇÃO
SINDICATO NACIONAL DOS EDITORES DE LIVROS, RJ

M47d

Meligeni, Fernando

As decisões do coração estão sempre certas : e outras verdades que aprendi com meu pai sobre o tênis e a vida / Fernando Meligeni, André Kfouri. - 1. ed. - Rio de Janeiro : Sextante, 2025.

192 p. : il. ; 21 cm.

ISBN 978-65-5564-984-0

1. Meligeni, Fernando, 1971-. 2. Tenistas - Brasil - Biografia. I. Kfouri, André. II. Título.

24-94921

CDD: 927.96342
CDU: 929:796.342(81)

Gabriela Faray Ferreira Lopes - Bibliotecária - CRB-7/6643

Todos os direitos reservados, no Brasil, por
GMT Editores Ltda.
Rua Voluntários da Pátria, 45 – 14º andar – Botafogo
22270-000 – Rio de Janeiro – RJ
Tel.: (21) 2538-4100
E-mail: atendimento@sextante.com.br
www.sextante.com.br

*Para Concepcion e Paula Meligeni, minhas
referências de força, garra e amor. Sem vocês,
não haveria tênis, carreira ou este livro.*

— Fernando Meligeni

*Para Luiza e Julia, que me estimulam
todos os dias a ser o pai que elas merecem ter.
Para Aninha, Guilherme e Eduardo,
vocês sabem por quê.*

— André Kfouri

Sumário

Apresentação, por André Kfouri	9
Prólogo	17
Por Una Cabeza	23
Un Tropezón	31
Confesión	39
Cuando Tú no Estás	49
Adiós Muchachos	57
Sueño de Juventud	65
La Canción de Buenos Aires	75
Quejas del Alma	83
Prisionero	93

Volver	103
Lo Han Visto Con Otra	113
Mano a Mano	121
Una Tarde	129
Uno y Uno	137
El Brujo	145
Manos Brujas	153
Lobo de Mar	161
Tus Besos Fueron Míos	169
Padre Nuestro	177
Cuándo Volverás?, por Paula Meligeni	185
Agradecimentos	190

Apresentação

por André Kfouri

Todo mundo deveria ter na vida uma pessoa que faz o tempo parar quando te olha nos olhos. Fernando Meligeni teve a sorte de essa pessoa ser o pai dele, Osvaldo. É uma sorte que ele compartilha com quem tem, ou teve, a "mentoria para a vida" relatada nestas páginas.

Este não é um livro sobre tênis, embora a carreira escolhida por Fernando tenha sido apoiada e bancada por Osvaldo desde cedo. Quando o sonho se concretizou com o profissionalismo e o pai teve a satisfação de ver o filho caminhar pelo mundo com as próprias pernas, Osvaldo continuou sendo o oráculo que um filho enxerga no pai, mesmo não entendendo de tênis.

Não é um livro sobre a paternidade, embora esse seja o tema que obviamente permeia todas estas páginas, porque é a razão de ser delas. Além de uma homenagem e, de certa forma, uma apresentação, o que você lerá a seguir é a maneira que Fernando encontrou para continuar se relacionando com Osvaldo anos depois de perdê-lo.

Não é um livro sobre exemplos e valores, pois cada um tem os seus, seja pelo privilégio de receber os certos das pessoas certas ou o contrário, uma infelicidade imposta a muitos. O que Fernando recebeu de Osvaldo e Concepcion, sua mãe, são os princípios que regem sua vida e a educação de seus próprios filhos, Gael e Alice.

O avô deles sabia ser duro e carinhoso, exigente e caloroso, mordaz e gentil. Tinha um senso de humor que fazia as pessoas se perguntarem se ele estava falando sério, mas, quando queria falar sério mesmo, ninguém tinha dúvida. Para quem sabia compreender, falava mais com os olhos e as expressões faciais do que com palavras em castelhano, idioma pátrio, ou em português.

Era mestre no uso das analogias, produto de uma vida de leituras sobre os mais diversos assuntos, de uma curiosidade insaciável a respeito do mundo, das pessoas, das coisas, hábito que também lhe conferiu a habilidade para sutis ironias. Acima de tudo, Osvaldo era honesto, brutalmente honesto.

Certa vez, enquanto esperava Fernando desembarcar do voo que o trouxe da República Dominicana, onde se aposentou do tênis com a medalha de ouro dos Jogos Pan-Americanos, Osvaldo viu duas pessoas no saguão do aeroporto, conversando reservadamente. Seu comentário sobre a dupla – que, pelos desserviços prestados ao tênis, não merece ser citada nominalmente num livro sobre ele

– foi uma de suas frases prediletas: "Dios los cría y ellos se juntan." Quando ambos se aproximaram para cumprimentá-lo, ouviram a mesma frase.

Osvaldo falava pensando e fazia pensar. Neste livro, você o lerá nos dois idiomas, porque Fernando guardou lembranças muito específicas e precisas de coisas ditas por seu pai, quase sempre em sua língua materna. As memórias em português são mais contextuais. O castelhano permitirá a quem teve a sorte de conhecer Osvaldo praticamente ouvi-lo de novo, com a sabedoria ou a picardia que o caracterizavam, como se ele estivesse presente. Como bônus, os títulos de cada capítulo são músicas de Carlos Gardel, intérprete dos tangos que Osvaldo tanto amava ouvir.

Tomara que, ao terminar este livro, você tenha a sensação de que teria sido muito bom conhecer Osvaldo pessoalmente. Ou, melhor ainda, a sensação de que seu pai adoraria tê-lo conhecido. Porque é disso que se trata: pai e filho, caminhando juntos pelas maravilhas e armadilhas da vida.

Playlist

Criamos uma playlist com os tangos de Carlos Gardel que dão título aos capítulos deste livro.

Se você quiser escutá-los, é só ler o código abaixo.

Link do Spotify:

Minha mãe e eu aproveitando um fim de tarde a bordo do Alondra, *veleiro de meu pai, em Angra dos Reis*

Prólogo

Meu pai foi muitas coisas. Como profissional, trabalhou com fotografia, ofício que aprendeu sozinho e lhe rendeu sucesso e respeito. Essa foi a carreira que colocou o Brasil em nossa trajetória de vida, por causa de um convite irrecusável para fotografar automóveis em São Paulo. Àquela altura, ele já tinha "inventado" ângulos e usado a luz de maneiras muito peculiares, a ponto de desenvolver uma identidade particular que era reconhecida e admirada. Ele era muito bom no que fazia e tinha plena consciência disso, mas, ao contrário do que se poderia imaginar, a fotografia não era sua paixão.

Há quem diga que o caminho mais curto para a realização profissional é investir no que nos encanta. Meu pai fez outra rota – descobriu algo em que era competente e transformou essa habilidade num jeito de sustentar a família fazendo o que lhe dava dinheiro. O que ele gostava mesmo de fazer era velejar. Nas sextas-feiras, saíamos de

São Paulo com destino ao Guarujá, onde ficava o *Fandango*, o primeiro veleiro que meu pai comprou no Brasil. Os passeios partindo do canal de Bertioga começaram a mostrar para mim, aos 10 anos, uma figura que eu raramente via em casa: uma pessoa mais reflexiva, mais profunda, que se conectava a tudo de um jeito diferente. Os sábados eram de mar, vento e convívio familiar. Começavam de manhã bem cedo e culminavam com um almoço em que jamais faltavam as lulas à dorê que meu pai adorava.

O barco era prioridade quando a verdadeira prioridade não se aplicava, ou seja, quando Paula, minha irmã mais velha, e eu não tínhamos torneios em São Paulo. Nos fins de semana em que jogávamos, o tênis comandava a família. Mas, cada vez que pegávamos o carro e descíamos para o litoral, era nítida a conexão familiar que se dava em torno daquele barquinho que disputava espaço com iates enormes. A operação de tirar o veleiro do canal não era nada simples, mas meu pai a executava com maestria, sempre deixando claro que quem mandava no rádio era ele, o que significava uma trilha sonora restrita a Carlos Gardel e outros intérpretes do melhor tango argentino. Em nenhuma outra ocasião ou local nos sentíamos tão em família, nem mesmo na sala de casa. O *Fandango* abrigava todas as conversas, sérias ou não, ao longo de horas sob o sol.

À medida que começaram a velejar para Angra dos Reis a bordo do *Fandango*, meus pais foram se encantando com as belezas e a estrutura do lugar, e em pouco tempo sentiram a necessidade de ter um barco maior e mais confortável. Assim, o *Alondra* foi encomendado a um estaleiro em Santa Catarina, dando início a uma nova fase do comandante Osvaldo, que alimentava a ideia arrojada de dar a volta ao mundo velejando. O mundo que se abria, porém, era mesmo Angra nos fins de semana, primeiro dormindo no barco, depois alugando um pequeno imóvel perto da Marina Bracuhy. Um pouco mais tarde, lá por 1983, compramos uma casa no Condomínio do Frade, onde meus pais viriam a morar.

    Eu estava entrando na adolescência e ainda passaria dois anos e meio treinando na Argentina antes de voltar definitivamente para o Brasil. Já me imaginava como um futuro tenista profissional, mas obviamente não fazia ideia da minha ignorância diante da vida. Sem que eu notasse, meu pai estabeleceu um circuito de valores que tinha o barco e a quadra de tênis como locais sagrados na minha formação. No barco, eu aprendia sobre tênis. Na quadra, eu aprendia sobre a vida. Íamos atrás do sol para velejar, muitas vezes sem destino definido nem hora para voltar. Quando estávamos chegando, ele baixava as velas e acionava o piloto automático em baixa velocidade. Era sinal de que ia se sentar ao meu lado e me perguntar sobre alguma coisa. Era o nosso momento para conversas sérias. Muito do que você lerá neste livro se passou ali, naqueles fins de tarde, no veleiro do meu pai. Relembrar essas conversas foi a maneira que encontrei de me manter perto dele, ouvindo sua voz e o barulho das ondas batendo no casco do *Alondra*. Também é uma forma de contar um pouco do que ele me ensinou.

O craque da churrasqueira na casa de Angra, onde ninguém mais tinha autorização para acender o fogo

Por Una Cabeza

O tênis entrou na vida do meu pai por acidente, literalmente. Jogando como goleiro numa pelada entre publicitários, ele levou uma joelhada na cabeça numa dividida, e ali terminou sua "carreira" no futebol. Um traumatismo craniano e dias tensos no hospital se encarregaram de mostrar a ele que era melhor procurar um esporte que envolvesse menos riscos e, em pouco tempo, a convite de um amigo, deu as primeiras raquetadas nas quadras de tênis do Pacaembu. Eu tinha 7 anos e o acompanhava muito mais porque gostava de estar com ele do que por interesse no esporte. Meu papel era o de pegador de bolas, mas eu gostava mesmo de tumultuar.

O acidente no futebol deixou um afundamento bem visível na testa do meu pai e um ensinamento ainda mais claro em sua forma de ver as coisas. Foi como se ele tivesse aprendido a importância do tempo. "No pierdas tiempo, Fer. El tiempo no vuelve", ele dizia. E dava o exemplo.

Conheci poucas pessoas que sabiam equilibrar a carreira e a vida pessoal como ele. Na hora de trabalhar, foco total e dedicação inegociável ao que deve ser feito, e do jeito certo. Na hora do lazer, o mesmo compromisso. Eu tive que aprender a compreender o cara que me dava longos sermões quando percebia que meu nível de concentração estava deixando a desejar, mas adorava receber os amigos para churrascos e pizzadas que ele mesmo fazia e servia, sem hora para terminar.

Uma de suas frases preferidas era "Antes de pedir, devemos oferecer", e ele oferecia como poucos. Gostava de fazer tudo com as mãos, gostava do processo de pensar a comida antes de começar a prepará-la, gostava de vê-la ficando pronta e, mais do que tudo, gostava de servi-la. Não aceitava palpites ou provocações. Quando eu brincava que a massa estava queimando ou que a pizza ia ficar ruim, ele me olhava de lado e fuzilava: "No sabes nada, pendejo. Acá el profesional soy yo. Juega tu tenisito que, si tienes 10% de mi talento, sois número uno del mundo." As pizzas eram incríveis, os churrascos, também. Ele sabia que era muito talentoso na cozinha, mas falava pouco sobre suas competências profissionais. Naquela época eu fazia alguma ideia dos motivos pelos quais tínhamos nos mudado para São Paulo, mas não conversávamos muito a respeito. Quando passávamos diante de um outdoor exibindo um carro novinho, ele, no máximo, contava que aquela foto era dele. "Soy un Meligeni, un obrero de la fotografía, pero tengo mis triunfos", dizia.

Certo dia, quando eu já era adulto e tenista estabelecido, fui participar de uma campanha cujo fotógrafo era o famosíssimo J. R. Duran. Comentei com meu pai na véspera. "Buen tipo", disse o viejo, sem grande entusiasmo. Quando chegou ao estúdio, Duran, carinhosíssimo, logo quis saber qual era meu grau de parentesco com "El Gringo". Quando respondi, ele já estava com o comentário na ponta da língua: "Você sabe que o Meligeni bom da família é ele, né?"

Eu sabia, mas ainda não sentia. Pouco tempo depois, coisa de alguns meses, entramos num restaurante japonês em São Paulo. Era um lugar relativamente pequeno, sempre com uma música ao vivo bem discreta, um ambiente intimista que ele adorava. Estava cheio na hora em que chegamos, e a reação das pessoas foi típica de quando aparece alguém famoso. Eu tinha encerrado minha carreira havia pouco tempo e cheguei a pensar que o alvoroço era por minha causa. Mas a clientela não era tão diversa quanto se costuma ver num restaurante. Era uma turma parecida, mais velha, com o mesmo perfil. Todos se uniram num aplauso coletivo, alguns em pé. Eu estava pronto para agradecer quando ele me deu um toque no ombro, se aproximou de mim e revelou: "Tranquilo, pibe. Es para mí."

Eram fotógrafos, publicitários, diretores de arte, donos de agências, gente do mundo que meu pai habitou por anos e no qual ele era um grande nome. Muitos ali não o viam fazia muito tempo e não conseguiram esconder a alegria. Eu me enchi de orgulho ouvindo os elogios, percebendo a felicidade que preenchia aquele reencontro. Ele sorriu para todos, abraçou longamente os mais próximos, mostrou-se agradecido e satisfeito por aquela situação inesperada. À mesa, voltou a falar sobre a importância de não se dar muita importância. "Enquanto estamos curtindo nossos feitos, os outros estão trabalhando, estudando, aprendendo e provando coisas novas." Meu pai era um forasteiro num mundo que cultua o autoelogio, porque não esperava ou precisava do elogio de ninguém. "O resultado é definitivo", dizia. "Ao final, somos do tamanho que realmente merecemos."

Voltando às quadras do Pacaembu, o tênis logo conquistou a família. Minha mãe, minha irmã e eu, por último, aos 7 anos. Jogava muito contra meu pai e até os 10 anos não consegui vencê-lo. Ele fazia questão de ganhar de mim, jamais me deu qualquer coisa dentro da quadra, de forma que eu teria que aprender a superá-lo. Mesmo tão cedo, percebi que um dos aspectos mais importantes do esporte é a parte mental. Meu pai jogava um tênis bem limitado, mas obviamente era mais forte e até mais atlético que eu. Acima de tudo, claro, era meu pai, o que me estimulava e me bloqueava de maneiras semelhantes. Com o passar do tempo fui melhorando e crescendo, e os jogos foram ficando mais duros, mas eu seguia perdendo. Ele não mostrava satisfação, não me provocava, mas não facilitava em nada. "Você começará a estar pronto quando me vencer", brincava. Era uma referência de evolução e uma forma de me avaliar em atitude, postura, mais do que em tênis. Até que o dia chegou.

Foi no Clube de Campo do Castelo, na represa de Guarapiranga, de onde tínhamos nos tornado sócios. Nos sábados de manhã, jogávamos duplas como parceiros. À tarde, éramos adversários. Lembro que não tinha ninguém vendo, nenhuma pressão extra além da minha própria vontade de ganhar e do tamanho daquele desafio interno. Fui vencendo pontos, games, me aproximando do que nunca tinha conseguido fazer, justamente o momento em que tudo ficava complicado e eu travava. No set point, bati bem forte na bola. Ela voltou muito alta, daquele jeito que a gente sabe que vai para fora. Foi como uma imagem em câmera lenta. Tentei esboçar um sorriso ou até uma vibração, mas não fui capaz. Nos encontramos na rede, nos cumprimentamos e ele disse: "Parabéns, Fer." Nem uma sílaba a mais. Os olhos, porém, foram muito mais eloquentes. Revelaram o orgulho que ele não verbalizou, mostrando como seria a nossa relação durante minha carreira como tenista profissional. Muitos sentimentos, poucos elogios.

*Paula e eu depois de mais
um jogo que ela venceu,
porque era sempre assim que
terminavam nossas partidas*

Un Tropezón

"Com você só não negocio o caráter. Nessa área exijo a excelência."

Não lembro quantas vezes ouvi essa frase, ou variações com o mesmo significado. Meu pai liderava por exemplos e educava com coerência. Como estrangeiro no Brasil, sempre se preocupou em manter uma fronteira bem visível entre o certo e o errado para que nunca tivéssemos dúvida sobre como agir, embora o processo de criar filhos seja um caminho repleto de armadilhas. Sempre esteve claro para nós que os ensinamentos deveriam marcar posturas. Quando não percebíamos por conta própria, ele se encarregava de explicar e corrigir. "Um erro e nos deportam", dizia, como forma de nos manter sempre em alerta e atentos.

Pode parecer uma postura extrema quando se pensa na formação de crianças, cujo mundo é muito mais simples e inocente, mas a retidão sempre foi um ponto sobre o qual não havia debate, por mais rotineira que fosse a situação. Essa maneira de se conduzir permaneceu imutável até os últimos anos de vida do meu pai. Foi nessa época que eu, já com a raquete pendurada, comecei a me posicionar publicamente a respeito dos problemas da estrutura do esporte no Brasil. "Você está criando inimigos", ele me disse ao telefone. "Gente que vai sempre esperar pelo seu primeiro erro para te destruir. Admiro sua postura, mas te recomendo cuidado: não faça besteiras, não pegue atalhos, não ceda às tentações. A responsabilidade pelas atitudes que você tomar será sempre sua."

Paula era a minha protetora quando estávamos fora de casa. Como quase não tínhamos amigos no início, vivíamos juntos e ela estava sempre pronta para comprar minhas brigas, coisa típica de irmã mais velha. Também era a minha adversária de todos os dias quando comecei a jogar tênis, primeiro porque não havia outra opção, e segundo porque ganhar de mim era fácil. A quadra, o paredão do clube e a garagem de casa eram nossas arenas, e ela fazia questão de vencer sempre. Nossas disputas no paredão começaram a ficar mais acirradas, o que fez surgir uma irmã que vibrava na minha cara quando vencia um ponto e contava em voz alta: "Nove a quatro pra mim!" Eu queria morrer. Sentia a cabeça latejar, pressentia a derrota e a vergonha que duraria horas. Numa tarde qualquer, me descontrolei. Ao perder um ponto, fui andando em direção ao alambrado e arremessei a raquete com toda a força, mas acabei acertando um poste. O impacto transformou a minha querida raquete de alumínio numa meia-lua. O jogo e o dia acabaram ali. Percebendo o tamanho da bobagem, só me restou começar a chorar.

O respeito pelo valor das coisas sempre foi uma questão importante em nossa casa. Eu sabia qual seria a reação do meu pai ao ver a raquete desfigurada e o que isso significaria para mim, mas teria que enfrentar o momento. À noite, quando ele chegou, tirei lentamente a raquete da capa e revelei minha obra. Para minha surpresa, ele se manteve calmo. "Que pena, Fer. Agora você vai ter que aprender a jogar com a raquete assim", ele disse e se levantou. Nada de bronca, nada de sermão, nada de castigo. Pensei que tinha escapado.

Chegou o fim de semana e eu tinha um torneio para jogar. Quis saber como resolveríamos o problema, e meu pai respondeu que o problema estava resolvido. "Que outra raquete você tem?", perguntou. Tentei argumentar dizendo que não conseguiria jogar, que iria perder, sem perceber que a lição estava exatamente em não conseguir jogar com uma raquete amassada e, muito provavelmente, ser derrotado. Perdi, claro, mas o pior foi a vergonha de passar uma hora na primeira quadra do clube, com todo mundo vendo a raquete daquele jeito. Meu pai permaneceu ali, batendo palmas e me incentivando, como se não houvesse nada de diferente. A quem perguntava, ele contava o que tinha acontecido e falava sobre o aprendizado pelo qual o filho de 10 anos precisava passar.

Por volta dos 13 anos, o aprendizado seguiu com outro

exemplo de que não me esqueço. Eu ia jogar contra um menino que costumava "se enganar" em muitas bolas duvidosas na quadra dele. Para quem não está familiarizado, os torneios infantis e juvenis não têm juízes na quadra. Cada jogador canta quando a bola é fora do seu lado, numa dinâmica que testa a honestidade de alguns e a paciência de todos. Esse menino, por algum motivo, cantava muitas bolas fora, especialmente em pontos importantes. Eu já o tinha enfrentado algumas vezes e sentido na pele a desagradável impressão de ter sido roubado, mas não sabia como iria me comportar quando acontecesse de novo. No carro, indo para o clube, meu pai me apresentou as opções. "Você tem três possibilidades: a primeira é não fazer nada, como das outras vezes; a segunda é chamar o árbitro geral e causar uma confusão; a terceira é roubar também."

Fomos para o jogo e, logicamente, o tempo esquentou. O menino roubava sem o menor constrangimento, mas eu já tinha decidido o que fazer. Com 4/4 no primeiro set, 30/40, ele errou o primeiro saque. O segundo veio fraquinho, com todo o cuidado, e pingou no meio do quadrado. Dei dois passos para a frente, gritei "Fora!", peguei a bolinha e fui me sentar. "5/4 para mim", avisei. Não deu tempo de chegar na cadeira. O pai do menino entrou na quadra, furioso, e veio na minha direção. Foi a primeira vez que vi meu pai dentro da quadra num jogo meu. Depois de alguma discussão, os ânimos se acalmaram o suficiente para que o jogo prosseguisse. Ganhei por 6/4 e 6/0 e fui embora me sentindo um estrategista.

"Estou decepcionado, filho", disse meu pai, enquanto andávamos até o carro. Eu não soube o que responder. Lembrei as opções que ele me dera antes do jogo e pensei em dizer que escolhi uma das sugestões que ele próprio mencionou. Mas, na verdade, ele não estava dando sugestões, e sim apresentando os cenários possíveis, em que eu teria de identificar o que era certo. Durante a volta para casa, entre longos períodos de silêncio, meu pai me mostrou que não podemos responder aos erros dos outros com atitudes igualmente censuráveis. E me avisou: se me visse roubando outra vez, mesmo que fosse um ponto, minha carreira no tênis estaria encerrada muito antes de começar.

*Osvaldão satisfeito
ao apresentar a piscina da
casa de Angra, mais uma
obra que ele construiu com
as próprias mãos*

Confesión

Imagine ser um tenista estabelecido, posicionado entre os 100 melhores do mundo há um bom tempo. Imagine estar longe de casa, com saudades, mas concentrado em seus objetivos a cada torneio. Imagine estar jogando bem, confiante, vencendo jogos difíceis. Imagine ganhar de um tenista com mais nome e ranking melhor. Imagine chegar ao hotel orgulhoso, ansioso para ligar para o Brasil e comemorar a vitória. Imagine fazer a ligação e ouvir a voz do seu pai perguntando: "Mas ele [o adversário] estava com febre?" Aconteceu comigo, exatamente assim ou de maneiras semelhantes, diversas vezes. Posso garantir que não é fácil.

Meu pai tinha um jeito sarcástico que era difícil de captar. Quem o conhecia estava acostumado, sabia que uma frase dita em tom crítico não era o que parecia, era apenas bom humor. Quem não tinha essa familiaridade sofria para descobrir sua verdadeira intenção. Eu sempre soube, lógico, mas confesso que também sofri. No momento em que você espera uma palavra mais efusiva, uma reação carinhosa, essa fina ironia nem sempre tem o efeito esperado. Na verdade, o efeito era o inverso. Eu ficava irritado, me sentia maltratado, perdia a vontade de seguir conversando. Pedia para falar com minha mãe, que acabava ouvindo minhas lamentações sem ter qualquer responsabilidade pelo que tinha acontecido. "Sabes como es tu padre", ela dizia.

Eu sabia. E em diversas ocasiões me arrependi de ter me irritado. Meu pai me chamou de "pangaré" no dia em que ganhei o primeiro jogo como profissional, do qual me orgulho, contra o Horacio de la Peña, num torneio em Mar del Plata em 1993. Ele estava acima do meu nível naquele momento, por isso vencê-lo foi uma grande surpresa e um tremendo estímulo. Um sinal do que eu poderia fazer se continuasse me dedicando. Na conversa telefônica, além de usar o apelido pouco elogioso, meu pai perguntou se o De la Peña tinha passado mal durante o jogo. Lembro-me de ficar revoltado, de sentir que meu pai elogiava todo mundo, menos o próprio filho. Claro que eu tinha noção de quanto ele acreditava em mim e de quanto sempre investiu para que eu perseguisse meus sonhos, mas por vezes eu sentia falta da verbalização desse sentimento.

Eu ouvia outras pessoas relatarem conversas com meu pai em que ele falava muito do orgulho que sentia de mim, de como gostava de me ver jogar, da sensação de felicidade que era ver um filho feliz com as escolhas que fez. Ele também se sentia legitimado por ter me permitido abandonar os estudos mais cedo do que o normal para me dedicar ao tênis, porque houve quem o chamasse de "sonhador", como se fosse uma irresponsabilidade da parte dele. Tudo isso eu sabia, mas nem sempre percebia. As menções ao "pangaré" continuaram por muitos anos, talvez para me manter focado, me impedir de acreditar que era melhor do que realmente era.

Certo dia, em abril de 1999, o pangaré ligou para casa e não ouviu sarcasmo nem ironia. Havia um tom diferente na voz de meu pai, uma ansiedade que não era normal. Logicamente me preocupei. Está tudo bem? A resposta veio com uma avalanche de informações sobre uma "oportunidade única": uma casa em Angra dos Reis como investimento para o futuro. Aposentados, meus pais já moravam na cidade litorânea, num condomínio que era um lugar dos sonhos para eles. Um vizinho, dono de uma casa mais espaçosa que a deles, abordou meu pai e disse que queria colocar o imóvel à venda. Ele ficou a mil.

Meu pai nunca se intrometeu em minha vida financeira. Dizia apenas que cada dólar gasto "con boludeces" faria falta quando eu não tivesse mais o tênis. A compra da casa era um movimento pensando mais em mim do que nos meus pais, que seguiriam morando no mesmo lugar. Seria um investimento para o meu "pós-carreira". Mas não era simples. O valor pedido pelo proprietário era maior do que o dinheiro que eu tinha guardado, de modo que, após ouvir meu pai contar toda a história e tentar me mostrar que era uma boa ideia, só pude dizer: "Que pena, pai, eu não tenho o dinheiro..." Mas os argumentos dele me convenceram. Eu estava em Barcelona, com uma série de torneios em quadras de saibro pela frente, nos quais entraria direto na chave principal, com boas chances de resultados relevantes.

Era o meu trecho preferido da temporada, o caminho no saibro até Roland Garros. Se eu jogasse bem, ganharia jogos e dinheiro. "Posso negociar para pagarmos em parcelas", disse meu pai. "Cada vitória é uma parcela a menos..." Não ficou claro para mim se era uma forma de me motivar ou se ele estava apenas tentando ao máximo viabilizar a compra da casa. Eu já me sentia naturalmente pressionado pelas exigências do circuito e confesso que no início não gostei muito dessa carga extra. A responsabilidade me parecia exagerada. Em pouco tempo, porém, o "problema" se transformou em desafio, e o desafio se transformou em motivação. Eu só não poderia me machucar. Por dez semanas, joguei como um leão. Oitavas de final em Monte Carlo, terceira rodada em Roma, vitórias em Praga e Hamburgo, até que chegamos a Roland Garros.

Liguei para casa e fiz um pedido: "Venham. Preciso de vocês aqui." Meus pais não queriam ir a Paris. Achavam que, sobretudo naquele período, eu precisava guardar dinheiro. Foram convencidos pelo nosso "objetivo comum". Sabiam que eu estava preparado para algo grande, compartilhavam minha confiança. A cada vitória naquela campanha, nos olhávamos com cumplicidade, sem dizer nada. Após derrotar Patrick Rafter na terceira rodada, eu os procurei nas cadeiras e os vi abraçados, emocionados, olhando para mim. Uma cena que nunca esquecerei. Estávamos jogando, e vencendo, juntos.

Quando alcancei a semifinal em Roland Garros e fiz as contas, vi que a casa em Angra estava paga. Meu pai sorriu e disse: "Não é sempre que devemos ousar, arriscar, mas eu conheço bem o meu pangaré..." Na sequência disputei um dos jogos mais importantes da minha carreira, que deixaria em mim uma marca eterna por causa da maneira como perdi. Saí da quadra consumido pela tristeza porque poderia ter tomado decisões diferentes em alguns momentos e sabia que aqueles momentos não voltariam.

No corredor, as irmãs Venus e Serena Williams foram as primeiras pessoas que encontrei. "Você foi incrível, Fernando! Você tem que sentir orgulho do que fez", disse Serena. Logo depois, quando vi meu pai, a reação imediata dele foi lamentar: "Dava para ganhar..." Depois nos abraçamos e ele disse que tinha orgulho de mim e da minha jornada.

Esse encontro, de poucas palavras, ficou na minha memória como o grande exemplo da dificuldade que meu pai tinha de ser uma figura mais calorosa em determinadas ocasiões. Ou seria uma resistência intencional, uma postura paterna com objetivos claros? Por muito tempo achei melhor não perguntar, e a dúvida permaneceu até a minha aposentadoria das quadras, quando finalmente conversamos sobre esse assunto. "Eu acho que exagerei, Fer. Fui até áspero algumas vezes", ele reconheceu. "Um dos grandes desafios que temos é seguir querendo e buscando, e eu não queria que você se acomodasse, mas hoje percebo que exagerei."

*Um dos grandes
desafios que temos
é seguir querendo
e buscando, e eu não
queria que você se
acomodasse, mas hoje
percebo que exagerei.*

O comandante a bordo do El Chueco, *velejando ao sol nas águas da baía de Angra dos Reis*

Cuando Tú no Estás

"Fer, quero te pedir algo. Quero que você me prometa que, antes de morrer, você vai devolver ao tênis tudo que ele te deu."

Numa tarde com pouco vento, o veleiro boiava preguiçosamente na baía de Angra dos Reis. Estávamos ali, meu pai e eu, no final de um passeio, quase parados no mar e sem nenhuma pressa para voltar a terra firme. Sem aviso ou motivo, ele me fez esse pedido e fui eu quem passou a boiar. Eu já estava aposentado havia vários anos e vinha entrando num período de conquistas na vida profissional pós-tênis, o que ele certamente percebeu. As coisas começavam a dar certo, com várias portas se abrindo para, quem sabe, uma segunda carreira. Talvez meu pai tenha notado em mim uma ambição um pouco exagerada, o que pode ter gerado a preocupação de que seu filho perdesse a essência. Ele era muito observador, mas sempre discreto. Recebi o pedido com incredulidade.

Como assim, devolver? Ele estaria falando de filantropia, de doações, de patrocinar um jovem tenista como ele havia feito comigo? "Não, filho. O que estou te dizendo não tem nada a ver com dinheiro. Estou falando de informação, de conhecimento, de vivência. O mundo precisa de informação e você tem a obrigação de não ir embora guardando tudo que aprendeu dentro de você", ele explicou. Sua maneira de pensar me surpreendeu uma vez mais. Ele me fez lembrar dos técnicos com quem tive contato, desde cedo, para me mostrar que eu ainda tinha muito a fazer pelo tênis. "Seus treinadores, todos eles... você acha que pagá-los foi suficiente? Eles se dedicaram integralmente a você e a seus objetivos... Você jamais conseguirá recompensá-los pelo que recebeu deles, por isso precisa devolver tudo isso ao esporte." Enquanto tentava compreender o que ele realmente queria dizer, reagi com uma pergunta: "Você fez isso?"

É claro que ele fez. Meu pai sempre compreendeu e valorizou a informação. No estúdio de fotografia que comandou por tantos anos, o conhecimento era compartilhado de todas as maneiras entre ele e seus assistentes. Tenho lembranças de ficar ali junto com eles, muitas vezes sem prestar atenção no que estavam fazendo, apenas sentindo o ambiente. A revelação de cada foto era um trabalho cerimonioso, quase artesanal, que exigia paciência e consideração aos detalhes. E competência em todas as etapas, claro. Se a foto revelada exibia tudo que meu pai desejava, a comemoração era como se aquilo fosse um troféu. Se não, ele recomeçava o trabalho. E ninguém estava autorizado a ir embora.

Lembro-me de um dia em que ele estava muito irritado. Não conseguia acertar uma foto em que havia um líquido saindo da garrafa e o momento da captação tinha que ser extremamente preciso. Eles já tinham tentado umas três, quatro vezes, e ainda não estava bom. Todos estavam cansados quando mais uma tentativa voltou do laboratório. "Essa ficou boa, Osvaldo", disse um dos ajudantes. Ele a olhou com expressão séria. Chamou todos para perto, até eu. "Vocês acham que esta é a melhor foto que podemos fazer?", perguntou. A resposta era evidente: "Não, mas está boa." Aí ele ficou realmente bravo. "Boa não nos serve... temos que fazer a melhor. Temos que fazer uma foto de la puta madre!", disse. E explicou, ponto a ponto, como tudo deveria ser feito, sem se importar com o tempo ou a quantidade de trabalho que seriam necessários. Quando eles finalmente acertaram, meu pai, sorrindo, quis saber: "Qual ficou melhor? Esta aqui ou aquella mierda?"

Ele era exigente e amoroso, sarcástico e generoso. Trabalhar com meu pai não devia ser nada fácil, mas acredito que era recompensador. Ele sabia identificar e valorizar as capacidades dos que estavam ao redor, e também sabia que, ao final, não bastava simplesmente pagá-los. O que ele descobriu como um profissional autodidata precisava ser transmitido adiante, não podia ser propriedade particular. E até mesmo o que era de fato uma propriedade ele deixou para seus assistentes quando decidiu se aposentar e ir definitivamente para Angra dos Reis. O estúdio, o laboratório, os equipamentos... tudo muito valioso no aspecto material, sem dúvida, ainda mais para quem precisaria iniciar a carreira solo num mercado competitivo que pouco depois passaria por transformações radicais.

Quando organizei a Copa Fino, um torneio de tênis para juvenis, em 2003, meu pai me ligou para perguntar quanto dinheiro eu iria ganhar. Respondi que investiria toda a arrecadação em estrutura, comida, convidados para fazer palestras... tudo que eu precisava fazer para oferecer as melhores condições aos tenistas. "Quero ser um dos palestrantes", pediu. Brinquei que ele era muito caro. "No aprendiste nada con tu viejo...", ele respondeu.. "Sinto muita responsabilidade, Fer. Sou pai de um tenista que deu certo, dono de um projeto bem-sucedido", explicou. "As pessoas querem saber como chegamos lá. Preciso dar a elas o que não me deram, fazer o que não fizeram por mim."

Poucas vezes o vi ansioso como no dia em que conversou com os pais dos tenistas, que ali estavam num momento de vida que ele tinha atravessado e conhecia bem. Vendo sua performance, lembrei-me de uma coisa que ele dizia antes de eu entrar na quadra, para me descontrair: "Não espero nada menos do que um espetáculo!" Em seguida, soltava uma risada. Ali, diante dos pais de jovens tenistas, ele falou sobre a coragem necessária para enfrentar um sistema educacional que não enxerga os jovens esportistas, sobre sensibilidade e paciência para entender os momentos e as oscilações, e principalmente sobre a liberdade que todos devemos ter para ser o que quisermos. "Por que eu deveria impor restrições que não mudariam a vida do meu filho?", perguntou à plateia. "Deixei que ele vivesse e errasse, até acertar." Foi perceptível o envolvimento das pessoas com a abordagem dele a respeito de temas que interessavam e, de certa maneira, afligiam todos os presentes. Ele estava fazendo o que havia me pedido durante o passeio de barco: devolver, dividir, compartilhar.

*Osvaldo e Concepcion, em
algum restaurante que foram
conhecer em Paris enquanto
eu jogava em Roland Garros*

Adiós Muchachos

Estávamos parados no semáforo da avenida Brasil com a avenida Rebouças, em São Paulo, quando meu pai se virou para o banco de trás do carro e disse algo que eu achei que jamais ouviria: "Estou pensando em deixar vocês pararem de estudar por um ano, para jogar tênis. Um ano só. Se não der certo, vocês voltam", ele avisou. Paula, minha irmã, logo ergueu o braço: "Eu não quero. Vou continuar estudando", respondeu, sem deixar margem para dúvidas. A firmeza me surpreendeu um pouco. Naquela época, 1985, se alguém perguntasse a meu pai quem na família jogaria tênis profissionalmente, ele apostaria na Paula.

Só que as coisas eram diferentes na cabeça da minha irmã, que já tinha identificado a faculdade de educação física como o futuro. A quadra era um lugar em que ela se irritava demais, a ponto de pedir a meu pai que não fosse aos torneios que disputava. Ele deixava Paula na porta do clube e se despedia. Algum tempo depois, no meio do jogo, ela o identificava ao longe, às vezes escondido atrás de uma árvore, e o mandava embora. Quando perdia, entrava no carro avisando que não queria conversar. Virava para o lado e dormia. Paula jogava muito bem, mas o tênis era um desafio constante para seu jeito explosivo. Acima de tudo, ela gostava da vida de estudante. Gostava de ir e ficar na escola, algo que nunca compreendi bem.

Um segundo depois da recusa da Paula, eu imediatamente aceitei a proposta do meu pai. O conflito entre os estudos e o esporte nunca existiu para mim. Como existia para meus pais, eu obedecia. No instante em que ele me abriu uma porta para sair da escola, eu garanti que jamais retornaria. E assim, resumidamente, foi tomada a decisão que me levou de volta para a Argentina, aos 15 anos, para concluir minha formação como tenista. Fui treinar em uma das melhores academias do país que mais forma tenistas na América do Sul, ao custo de mil dólares por mês. Minha família não tinha o dinheiro guardado, e meu pai – um fotógrafo que dependia do volume de trabalho para poder honrar seus compromissos – não sabia como iria pagar, mas estava convicto de que, de um jeito ou de outro, tudo ficaria bem.

É preciso viver a experiência de mudar de país sem ter um plano concreto de como as coisas funcionariam para compreender como uma família é capaz de se unir em torno do que é do interesse de todos. Quando viemos para o Brasil, meus pais estavam movidos pelo desejo de construir uma vida melhor, de nos ver crescer com mais conforto e perspectivas, mas não havia garantias, além de uma proposta de trabalho que meu pai considerou boa o bastante para arriscar tudo. Tivemos a ajuda de pessoas próximas, moramos na casa de amigos, nos tornamos um núcleo em que todas as decisões eram tomadas no sentido de aumentar a chance de a aventura brasileira dar certo.

No dia em que meu pai me permitiu escolher entre a escola e o tênis, já estávamos estabelecidos em São Paulo, vivendo num apartamento que viria a ser nosso – só precisamos vender um carro, um Puma, para pagar a última parcela do financiamento. Paula estudava no Colégio Objetivo, e minha mãe, Concepcion Meligeni, trabalhava como corretora de imóveis. Ela era a "diretora financeira" da família e a pessoa que encontrava soluções onde, aparentemente, não havia nenhuma. "Osvaldo, eu tenho o dinheiro, não se preocupe", dizia, sempre que aparecia uma conta um pouco maior do que o orçamento nos permitia. Quando Paula era impedida de fazer provas na escola porque a mensalidade estava atrasada, era minha mãe quem ia conversar – nem sempre em tom calmo – e resolver o problema.

Paula não se incomodava. Sabia exatamente por que a mensalidade atrasava – a família tinha decidido sustentar um tenista juvenil que morava e treinava em outro país. As repercussões na vida cotidiana eram encaradas não apenas como normais, mas como parte de um esforço em que nós todos tínhamos um papel. A aposta no irmão como um potencial jogador profissional não era uma escolha que a prejudicava em qualquer aspecto, e sim um passo importante na direção de um futuro que beneficiaria todos.

Como "supervisor" dessa operação familiar, meu pai era um otimista cauteloso. Sua preocupação era garantir que eu tivesse as melhores condições para alcançar meu nível máximo. A torcida era para que esse nível fosse suficiente para, primeiro, eu chegar ao profissionalismo, e, depois, ser bem-sucedido. Ele me cobrava dedicação e seriedade, sempre mencionava o esforço de todos em nossa casa para que eu pudesse perseguir meus sonhos, mas nunca me disse se acreditava ou duvidava que eu cumpriria a minha parte do plano.

Meu pai acreditava na minha capacidade, no meu esforço e no tamanho do desejo de vencer que eu tinha dentro de mim, mas sabia que o final feliz dependia de circunstâncias que não estavam sob nosso controle. Também acreditava nas coisas feitas com esmero, na virtude de tratar cada dia como uma oportunidade que não volta mais, nos valores – que não tinham nada a ver com tênis, mas, na verdade, tinham tudo a ver com tênis – que nos ensinava sem que a gente percebesse. Quando minha mãe dizia que tinha certeza absoluta de que eu até superaria as nossas expectativas, meu pai perguntava "Como você pode estar tão certa?". Ela simplesmente respondia que sabia.

Talvez seja demais exigir de um pré-adolescente que tenha a real noção do significado daquele período. Eu me sentia satisfeito por poder fazer do tênis a minha vida, mas a ideia de viver praticamente sozinho em outro país me preenchia de diversas ansiedades, entre elas o receio de não ser tão bom como imaginava e, ao final, falhar. Seria um fracasso comigo mesmo, com o meu futuro e com toda a esperança que meus pais e minha irmã depositaram em mim. Honestamente não sei se conseguiria lidar com isso de uma forma saudável. À medida que fui amadurecendo e compreendendo melhor o sentido das coisas, a ideia de que eu representava minha família se materializou, num processo que me alimentou durante toda a carreira e me deu a chance de recompensá-los pelo que fizeram por mim.

Quando saí do Brasil, aos 15 anos, eu era um projeto arriscado. Quando voltei, bem mais tarde do que o planejado, aos 18 anos, era o melhor juvenil do mundo. Uma etapa estava vencida e muitas outras viriam, nas quais eu continuaria dependendo do sacrifício e do apoio das únicas pessoas que sabia que estariam ao meu lado incondicionalmente, mas já era possível ter certeza de que as decisões tomadas naquele carro parado no trânsito haviam sido corretas.

Aos 12 anos, jogando no Clube Castelo, já ciente de que o coração teria que superar a técnica se eu quisesse vencer

Sueño de Juventud

A pizzaria Micheluccio, que ficava na avenida Brigadeiro Faria Lima, era um dos lugares preferidos de meu pai em São Paulo. Ele gostava do ambiente familiar, um salão amplo com várias mesas, típico das pizzarias paulistanas. Era uma escolha frequente quando saíamos em família para jantar. Às vésperas da minha ida para a Argentina, no dia do meu aniversário, fomos à Micheluccio comemorar e falar do futuro. No meio da conversa, meu pai me mostrou um guardanapo e me pediu: "Diga algo que você queira muito."

De malas prontas para viajar sozinho e tentar dar um passo importante para meu sonho de jogar tênis, um objetivo ousado me veio à mente. "Vou ser o primeiro cara que se chama Fernando entre os 10 melhores do mundo", respondi. Meu pai pegou o guardanapo, escreveu "El único cara que se llama Fernando entre los 10 del mundo voy a ser yo" e me pediu para assinar. Ele, minha mãe e minha irmã assinaram como testemunhas, e firmamos ali, de brincadeira, um compromisso pelo meu sucesso. Ele dobrou o guardanapo e guardou no bolso. Dava para notar uma expressão de orgulho em seu rosto, algo raro. Fizemos um brinde. "Al trabajo", ele disse.

Eu não fazia a menor ideia se algum Fernando já tinha aparecido no top 10. Em abril de 1986, o que mais queria era perseguir todas as possibilidades que me permitissem jogar profissionalmente e viver do esporte. Queria ser atleta, fazer o que amava todos os dias. Também não fazia ideia de como era difícil estar entre os 100 melhores do mundo, que dirá entre os 10. Naquela mesa, entre fatias de pizza e copos de refrigerante, eu sonhava acordado, imaginando como seria morar em Buenos Aires, treinar com os técnicos argentinos, viver pela primeira vez mais como um tenista do que como um estudante que também jogava tênis. Eu sonhava alto e queria que minha família sonhasse comigo e acreditasse em mim.

Meu pai não apenas colocou o guardanapo no bolso como o usou em conversas que tivemos em diferentes momentos da minha carreira, como uma lembrança para me motivar. A dúvida é uma companheira permanente de todo atleta, independentemente do nível e do currículo. Posso estar enganado, mas tenho a impressão de que, nas modalidades individuais, a convivência com o receio de não ser bom o suficiente é ainda mais problemática. Sempre há pessoas ao redor do atleta, uma equipe de trabalho que o ajuda a enfrentar todas as situações, mas, na quadra – ou

> El unico care pere
> se llama Fernando
> entre los 10 del mun-
> do voy a ser yo
>
> Ass Fernando meligeni
>
> 12-4-86
>
> test:

*O guardanapo que se transformou
em compromisso familiar e me
ajudou a atravessar os inevitáveis
momentos de dúvida*

na piscina, na pista, no tatame... –, o atleta está sozinho. E, mesmo fora do momento da competição, lidamos todos os dias com perguntas que não saem da nossa cabeça. Estou treinando como deveria? Por que não estou ganhando jogos? Meu ranking reflete minha capacidade? Há uma linha quase invisível entre a confiança aparente do tenista e o receio que ele sente até entrar na quadra.

Nas fases em que sofri e duvidei de mim mesmo, o guardanapo apareceu para me lembrar do que eu queria. Acho que meu pai o deixava numa gaveta ou num lugar especial, para sempre saber onde estava e usá-lo quando achasse importante. O pedaço de papel era uma conexão com um Fernando ingênuo, que não tinha nenhuma experiência ou amostra dos obstáculos que surgiriam no caminho. Era também um estímulo para superá-los. "Os sonhos não são impossíveis, Fer. Eles ficam improváveis porque nós os abandonamos diante das dificuldades. Quem fica chega", ele dizia. E me mostrava o guardanapo. "Você se lembra?"

As assinaturas dos meus pais e da minha irmã também faziam do guardanapo um pacto familiar. Era uma recordação de que havia outras pessoas oferecendo suporte, em todos os sentidos, para que eu pudesse construir a vida que queria. Meu pai simbolizava esse núcleo e era quem o financiava, mas todos eram afetados pelas decisões e pelas circunstâncias. Ele me lembrava disso não para eu me sentir em dívida, mas para não perder de vista que não era o único se esforçando e se dedicando para que as coisas acontecessem.

Em 1990, o Plano Collor confiscou temporariamente o dinheiro dos brasileiros e nos colocou em dificuldades. Eu estava jogando um torneio pequeno, um challenger, no Juventus da Mooca, quando meu pai veio conversar comigo e me deu a notícia: "É um problema. Não sei quanto tempo teremos que esperar. Hoje não temos dinheiro." Eu me assustei, mas o velho Osvaldo sempre dava um jeito de passar uma mensagem otimista em qualquer situação. "Mas não vamos desistir. Confia no teu pai", prometeu.

Na época não tínhamos muitas referências do nível dos melhores tenistas do mundo. Eu já estava com 19 anos, mas me sentia muito distante do nível internacional. Para me estimular, meu pai resolveu usar meus adversários mais frequentes como exemplos para me fazer refletir e estabelecer objetivos. Um deles era "mais focado durante os treinamentos", outro "odeia perder, é um lutador", outro "é uma máquina, fica horas na quadra". E me aconselhou: "Seja melhor do que eles exatamente nas coisas que eles fazem bem e você ganhará de todos. Seja mais inteligente e mais concentrado, tenha mais pressa para chegar. Está na hora." Era o momento de deixar aquele estágio da carreira para trás e não precisar mais depender de ninguém. E, de novo, ele me mostrou o guardanapo. "Tienes la chance de tu vida. No la pierdas, Fer."

Eu não cheguei ao top 10. Por curiosidade, o espanhol Fernando Verdasco foi o primeiro Fernando a conseguir, alcançando o sétimo posto do ranking em 2009. Mas fiquei bem próximo, no número 25. E estive a um jogo de

Seja melhor do que seus adversários exatamente nas coisas que eles fazem bem e você ganhará de todos.

chegar ainda mais perto, quando disputei a semifinal de Roland Garros em 1999. Uma vitória naquele dia, contra o ucraniano Andrei Medvedev, e meu melhor ranking poderia ter sido qual? Décimo quinto? Décimo primeiro? Ao final, isso importa? Tenho até hoje o guardanapo que assinamos naquele jantar de aniversário na pizzaria, como lembrança não de um objetivo não conquistado, mas de uma maneira de encarar a vida e o trabalho. E do orgulho que vi nos olhos do velho Osvaldo.

Minha avó Cata e eu, numa rara visita dela ao Brasil, na sacada de nosso apartamento em São Paulo

La Canción de Buenos Aires

M uita gente não sabe que, após passar a infância no Brasil, voltei para a Argentina aos 15 anos para concluir minha formação como jogador. O acordo com meus pais era passar um ano lá, treinando numa das melhores academias de Buenos Aires, com objetivos e condições: terminar o ano entre os três melhores tenistas da Argentina da minha idade, fazer um curso de fotografia e outro de computação. Ao curso de fotografia, fui apenas no primeiro dia. O de computação durou três aulas. Quanto ao ranking argentino, sucesso: terminei 1987 como número 2 do país.

Foi um período difícil, no qual pensei em desistir diversas vezes. Por ser "estrangeiro" e muito tímido, eu não tinha nenhum tipo de vida social. Era só tênis, tênis, tênis. Morei em três lugares: com um técnico argentino, com minha avó materna e com um tenista profissional (Luis Lobo, que chegou a ser top 15 do mundo em duplas). Eu treinava o dia todo e voltava para casa, dormia e repetia o roteiro no dia seguinte. Ser tenista era o meu sonho? Sim, eu não tinha a menor dúvida disso. Quando minha irmã prestou vestibular, lembro-me de ir com ela e minha mãe à sede da PUC, em São Paulo, para saber se tinha sido aprovada. Ao chegarmos, avisei minha mãe que jamais passaria por aquela porta.

Parar de estudar por um ano não era uma loucura na cabeça do meu pai. Ele próprio só foi até a quinta série, porque teve que ajudar meu avô na quitanda que sustentava a família. Quanto a mim, o problema era enfrentar o sistema e lidar com os pitacos de gente dizendo que ele era um sonhador seduzido pela perspectiva de sucesso do filho no esporte. O mais curioso é que, na quadra, eu ainda não mostrava claramente que tinha futuro. O que dava para notar é que eu queria demais.

Durante um torneio no Uruguai, meu pai ouviu do dono da academia em Buenos Aires que depois me acolheria que eu era "puro coração" e que ele adoraria trabalhar comigo. Instinto paterno, sorte ou ambos, o fato é que esse comentário levou meu pai a conversar comigo e com minha irmã sobre largar os estudos e ir treinar na Argentina. Ela não quis, mas eu aceitei, mais do que feliz. As regras eram indiscutíveis: se desse errado, eu voltaria para a escola no Brasil e deixaria de jogar tênis.

Logo que cheguei, eu chorava sozinho à noite, o cansaço se misturava com a solidão, sentia falta das conversas com minha irmã e da segurança que meus pais transmitiam.

Com o tempo fui me desmotivando e comecei a treinar mal. Numa noite, pedi para usar o telefone e liguei para casa. Eles ouviram minhas reclamações, entre soluços e lágrimas, sem dizer uma palavra. Eu me sentia um fantasma – não tinha amigos, não fazia nada além de jogar tênis. Queria voltar para São Paulo. A resposta me pegou de surpresa: "Não tem problema nenhum, Fer. Nós também estamos morrendo de saudades de você. Amanhã te mando a passagem, você volta e começa a me ajudar no estúdio. Chegou a hora de parar de jogar."

Não era o que eu queria ouvir. Reagi com irritação, de certa forma até decepcionado com meu pai. Disse que ele estava mostrando que não acreditava mais em mim. A forma como ele explicou sua decisão permanece comigo até hoje, como um marco do dia em que comecei a me tornar adulto: "Nós te mandamos para o melhor lugar possível, filho. A Argentina, hoje, é onde todos os tenistas juvenis gostariam de estar. Você parou de estudar por um ano e nós estamos gastando um bom dinheiro para te manter aí, numa estrutura profissional em que você pode se aperfeiçoar, que te dá o que você precisa. O tênis é um esporte em que é preciso conviver com a distância de casa por várias semanas por ano, a família e a vida social ficam de lado. Se você não está aguentando, eu não te culpo, mas talvez seja um sinal de que essa vida não é para você. E está tudo bem. Eu sei que você tem 15 anos, mas, se esperar até os 18 para ter a maturidade e a garra para enfrentar esses problemas, será tarde demais. Quem decide é você."

Também não era o que eu queria ouvir, mas era o que eu precisava ouvir. Uma pequena amostra da mais pura realidade, um desafio que testaria a força do meu desejo de ser tenista, pagando os preços que aparecessem pelo caminho. E uma explanação bem simples do esforço que minha família estava fazendo para me permitir correr atrás do que eu pretendia. Apesar da situação incômoda, não me senti no direito de desistir. Resolvi tentar por mais algumas semanas. Em pouco tempo fiz amigos, cresci, passei a me sentir melhor e a treinar com mais seriedade.

Até hoje não sei se meu pai conversou com meus treinadores sobre a minha intenção de voltar para o Brasil. Suspeito que sim. Quando os procurei para conversar, fiquei com a impressão de que eles já sabiam. Eles me acolheram com muito carinho, prestaram mais atenção em meu comportamento, como se sentissem que precisavam estar mais perto. Por decisão de meus pais, saí da casa onde estava e voltei a morar com minha avó, justamente por causa desse contato familiar do qual eu sentia falta. O alerta que recebi do meu pai num momento de fraqueza acabou servindo para me despertar: a solução estava comigo, no aprendizado de lidar com meus sentimentos e compreender minhas prioridades. Fiquei na Argentina por mais dois anos e meio, período em que não só me tornei o melhor tenista do país em minha categoria como ocupei o posto de juvenil número 1 do mundo por oito meses em 1989.

Muito tempo depois, já aposentado, perguntei a meu pai se não teve medo de ver todo aquele investimento dar em nada. "Me cagaba todo", ele respondeu, gargalhando. "Acreditei em você e em nosso instinto. Na vida, não temos certeza de nada, Fer, mas temos que ir atrás do que sonhamos. Era o teu sonho, e você já tinha dado muitas demonstrações de que queria demais."

Osvaldão sempre na torcida, especialmente nos confrontos de Copa Davis realizados no Brasil

Quejas del Alma

Meu pai queria ser carpinteiro. Seu talento para trabalhar com as mãos indicava que não era uma ideia sem sentido, e sim uma vocação. A casa onde morou os últimos anos de vida era toda decorada por mosaicos que faziam o maior sucesso entre os moradores do condomínio, a ponto de alguns quererem comprá-los. Ele construiu o forno de pizza sozinho, quebrando os tijolos e escolhendo as pequenas peças de cerâmica como ornamentos. Adorava pintura, sobretudo a técnica de pátina, que aplicava aos móveis em casa e a toda marcenaria do interior dos barcos que teve. Além de um talento nato, usar as mãos para criar era uma paixão à qual ele se dedicava.

"Sou um fotógrafo muito bom, conhecido em meu meio, mas não amo o que faço", ele me disse certa vez, enquanto conversávamos sobre profissões. "Às vezes somos competentes sem gostar do que fazemos, às vezes gostamos de algo e não temos capacidade de executar, ou mesmo quando juntamos a paixão e o talento, não conseguimos nos sustentar. Eu adoraria ser carpinteiro, mas não seria possível viver disso", explicou. Ele tinha uma teoria interessante sobre a relação das pessoas com o trabalho. Dizia que, para uma profissão nos preencher por completo, devemos "ser, ter e amar". O ser é o desempenho, a capacidade. O ter é a parte material, o sustento. O amar, claro, é o sentimento pelo que se faz. A meu pai faltava esse amor, por isso ele sempre me dizia que eu era um privilegiado: "Você encontrou a profissão perfeita, e isso é muito raro."

Essa conversa se deu após um período da carreira em que me senti estagnado. Era como se eu vivesse numa esteira de academia, me esforçando, suando, correndo, mas sem sair do lugar. Treinamentos e jogos se confundiam num marasmo estranho em que eu não necessariamente estava sem foco ou ânimo, mas não enxergava o futuro próximo com clareza. As pessoas ao meu redor diziam que era uma fase, que eu tinha que continuar acreditando e investindo no trabalho, que as coisas iriam acontecer. Respostas que, naquele momento, não me satisfaziam. Eu não havia deixado de acreditar ou de trabalhar, não era questão de procurar algo que faltava, e sim de seguir outro caminho.

Fui procurar a pessoa que sempre abria minha cabeça em situações difíceis quando precisava de experiência e orientação. Às vezes era com uma fala mais forte, que me sacudia. Outras, com uma simples pergunta. "Você sabe qual é a diferença entre sonho e objetivo?" Respondi que achava que sim, então ele me pediu para explicar. Quando comecei a contar que meu objetivo era ser top 10 do mundo, mas sabia que essa era uma faixa do ranking acessível a poucos jogadores, ele me interrompeu: "Não, não... isso é seu sonho, Fer. Objetivo é outra coisa." Então me contou que seu sonho era dar a volta ao mundo num veleiro, parando em todos os lugares que tinha vontade de conhecer. Esse plano exigia um barco muito melhor e bem mais caro que o dele, por isso o objetivo era comprar um barco compatível com o sonho. O sonho é difícil de colocar no papel, o objetivo, não. Ao confundir uma coisa com outra, sempre nos sentimos longe demais do sonho, deixamos de celebrar passos importantes e nos desmotivamos.

Eu estava prestes a viajar para participar de alguns torneios. Seriam cinco semanas no piloto automático: aeroporto, hotel, clube... Quando ele me perguntou qual era o meu objetivo para aquela sequência, eu não consegui responder nada além do óbvio: jogar bem, ganhar jogos, etc. Sabendo que eu era mais ou menos número 350 do ranking naquele momento, ele me perguntou: "Que tal estabelecer o objetivo de voltar para o Brasil entre os 300 melhores do mundo?" Respondi que aquilo era pensar pequeno, pois era possível ganhar 50 pontos logo no primeiro torneio. Ele sorriu. "Aí você fica feliz, se parabeniza, comemora um pouco e já acrescenta um novo

Você sabe qual é a diferença entre sonho e objetivo? O sonho é difícil de colocar no papel, o objetivo, não.

objetivo." Pouco mais de um mês depois, voltei para casa com bem mais do que 50 pontos, graças a objetivos escritos e reescritos, num estado de motivação muito diferente daquele em que me encontrava antes.

Devo a meu pai diversos reposicionamentos como esse, como quando ele me contou sobre as três fases de um profissional – o que não se aplica apenas ao tênis ou ao esporte. Ao longo da minha carreira, retomamos essa conversa em várias ocasiões, e os princípios dela sempre se mostraram apropriados. As três fases eram: aprendizado, contestação e decisão. A fase de aprendizado é quando somos "esponjas". É a hora de absorver o máximo, falar pouco e ralar. Somos dependentes de aprovação, seguimos ordens, olhamos mais para fora do que para dentro. A contestação vem quando já caminhamos um pouco, acertando e errando. Seguimos escutando, mas já sentimos vontade de falar e devemos fazê-lo. É o momento de começar a correr riscos e deixar nossa personalidade vir à tona. A última fase é a da decisão, quando assumimos de vez a responsabilidade por nosso caminho e estamos prontos para fazer escolhas e lidar com elas. No esporte individual, é quando entendemos que o que nos leva a ganhar ou perder começa e termina em nós mesmos.

Na primeira vez que ele me falou sobre isso, eu tinha 15 anos e só era capaz de aplicar o conceito ao momento que vivia: o de um menino que se agarrava ao sonho de jogar tênis e queria aprender tudo em uma semana. Eu ainda não fazia ideia de como o caminho era longo, exigente e incerto. Achei curioso ele mencionar a palavra "esponja", que ficou na minha cabeça como um símbolo daquela época. Mais tarde, já às portas do profissionalismo, tive uma discussão com meu técnico durante um jogo. Ele tinha me indicado uma estratégia na qual eu não acreditava, e resolvi mudar tudo por conta própria. Perdi o jogo e levei uma tremenda bronca. Ao contar a história a meu pai, achei que levaria outra, mas ele riu e me deu os parabéns. "Você está crescendo, está virando o dono da sua vida, esse é o caminho natural", disse.

Meu pai não precisava entender de tênis para me dizer coisas que me marcavam e me ajudavam a melhorar. É curioso porque, muitas vezes, o esporte é um mundo tão diferente dos outros que algumas ideias simplesmente não se aplicam. É preciso viver o nível profissional por dentro, e por tempo suficiente, para compreender como ele funciona. Mas, além de me conhecer muito bem, ele tinha a rara sensibilidade das pessoas que não perdem de vista que esportistas são "quadros humanos" suscetíveis aos medos, ansiedades e dilemas que nos caracterizam a todos. Lembro-me de voltar para o Brasil após uma gira de torneios em que me destemperei algumas vezes. Era um momento de rebeldia, que ele notou ao me ver jogar e em poucas conversas por telefone. Saímos para almoçar e ele nem me deixou falar.

"Fer, teu trabalho tem um componente diferente. Todos os dias você ganha ou perde", disse. "E todos nós temos aquela voz dentro da nossa cabeça que nos diz para aceitar quando perdemos, porque na semana que vem tem outro torneio ou porque ninguém ganha sempre." Ele dizia que essa voz estava sempre em busca de uma desculpa, nos fazia relaxar e depois nos abandonava com a sensação horrível de ter desistido. "Só conseguimos combater essa voz quando admitimos que ela é sedutora", avisou. "Por isso temos que saber desligá-la, e o único jeito é lembrar das sensações que ela deixa: a desistência e a solidão."

*Vibração em família
após minha vitória
sobre Patrick Rafter, na
quadra Suzanne Lenglen,
em Roland Garros 1999*

Prisionero

Uma das maiores injustiças que vivi numa quadra de tênis aconteceu no dia em que perdi a final de um torneio importante. Não teve nada a ver com o jogo, derrota merecida para um adversário que foi melhor do que eu e jogou limpo. Era a decisão do Banana Bowl de 1987, um dos mais prestigiosos torneios do tênis juvenil, no Clube Pinheiros, em São Paulo. Em quadra, dois argentinos: Martin Stringari e eu. Em vez de seguirem o protocolo, ou seja, uma cerimônia de premiação, deixaram os troféus em cima da mesa e ninguém apareceu para entregar. Ficamos ali, esperando mais de 10 minutos, e nada. Sem saber o que fazer, olhei para o meu pai. "Pega o troféu e vamos embora", ele disse.

Saí da quadra arrasado. Levei um passeio no jogo e ainda fui maltratado daquela forma. Mas deve ter sido ainda mais difícil para os meus pais, que viram o filho de 16 anos ser desrespeitado por ser um argentino no Brasil, situação pela qual eles tinham completa responsabilidade. Aquilo não era novidade: desde o início da minha carreira no tênis, enfrentávamos todo tipo de sacanagem que se pode imaginar por causa da minha nacionalidade. Clubes que fecharam portas para mim, convocações que mereci pelos resultados e me foram negadas, pais de meninos brasileiros que armaram situações para beneficiar os filhos... tudo isso aconteceu comigo, e com meu pai e minha mãe.

Lembro-me de um dia em que cheguei em casa indignado e me tranquei no quarto. Não tinha sido convocado para jogar um campeonato brasileiro. No clube em que eu treinava, os dois melhores tenistas de cada categoria viajariam com tudo pago, e eu acreditava que era um deles. Aliás, achava que treinava mais do que todos eles. Eu estava chorando de raiva no quarto quando meu pai bateu na porta. Sabia o que ele iria dizer: novamente repetiria o fato de sermos estrangeiros, insistiria que eu precisava ser muitas vezes melhor do que os outros para ser notado, etc. Naquele dia, porém, ele resolveu usar outra abordagem. "Você realmente acha que treina mais do que eles?", perguntou. "Porque eu acho que não. Acho que você está economizando esforço, com uma atitude que te prejudica", completou. Eu não esperava ouvir aquilo e, de início, não gostei. Mas ele acrescentou um desafio: "Quer ser notado? Chegue antes, trabalhe mais duro, fique mais tempo na quadra, mas não espere nada de ninguém."

Por um tempo, eles engoliram os problemas e sofreram

sozinhos. Vindos de uma cultura que abraça a dificuldade como ferramenta de crescimento, provavelmente entenderam que, a longo prazo, eu tinha mais a ganhar do que a perder se também adotasse essa postura. Nossas conversas me estimulavam a digerir as injustiças e me fortalecer. Até que, aos 18 anos, com ótimos resultados e uma boa perspectiva de virar profissional, decidi disputar os torneios da América do Sul representando o Brasil, mas o então presidente da Confederação Brasileira de Tênis, Wanderley Checchia, me impediu. "Quem mandou nascer na Argentina?", ele disse na frente do meu pai. O velho Osvaldo perdeu a paciência e exigiu uma explicação. Imagine a cena... meu pai, vermelho de raiva por ouvir aquilo, tentando discutir com um cartola em português. Obviamente não deu muito certo. Por dentro, ele adoraria que eu jogasse pela Argentina, mas respeitava minha decisão e lutava por ela.

"Você vai responder na quadra, Fer. Vai lutar até o fim para ganhar e vai ganhar em silêncio. É o que eles merecem de você", disse meu pai. Resultado: venci 7 das 10 etapas do circuito sul-americano juvenil em 1989, entre elas o Banana Bowl de 18 anos e o Campeonato Sul-Americano, derrotando um brasileiro na final e me tornando o melhor juvenil do mundo. As conquistas deixaram toda a família muito orgulhosa, é claro, mas não mudaram a forma como vivíamos ou planejávamos o futuro. Meu pai sempre me alertava: "É melhor tomar cuidado com as boas fases, filho. Elas passam rápido e nos deixam problemas porque, quando estamos felizes e confiantes, temos a tendência de não prestar atenção nos detalhes."

Pouco tempo depois vivi um exemplo prático disso, ao viajar para passar várias semanas na Europa sob a supervisão de Iván Molina, ex-tenista colombiano que tinha sido top 30 em seus melhores dias. Seu trabalho era levar os melhores juvenis da América do Sul para jogar a chave júnior de torneios importantes, como Wimbledon e Roland Garros. Foi uma viagem péssima. Joguei muito mal e tive um relacionamento desgastante com Iván, que insistia em mudar minha maneira de jogar e vivia criticando meu comportamento. Admito que me faltou maturidade para lidar com a situação, mas certamente faltou sensibilidade a ele, um adulto experiente que tinha a obrigação de agir como tal. No final da gira, Molina me entregou um relatório lacrado que meu pai deveria abrir quando eu voltasse para casa. Lembro-me da cena, em nosso apartamento em São Paulo, quando ele leu o "documento", em que as primeiras palavras estavam escritas em letras garrafais: "Fernando Ariel Meligeni, não apto a ser tenista profissional".

O silêncio inicial e a expressão séria me deixaram pessimista. Meu pai leu o relatório duas vezes antes de olhar para mim e perguntar: "O que te parece isso?" Comecei a me explicar, e ele me interrompeu diversas vezes com novas questões, mais preocupado em saber por que as coisas tinham dado errado do que com a opinião de um técnico a meu respeito. Ele era, afinal, meu "paitrocinador" e queria uma prestação de contas. Estava claro que o assunto principal era um problema comportamental, de relacionamento, e talvez de educação. A parte tenística – para mim, o principal – não o interessava naquele momento. Após me ouvir, meu pai ligou para Charlie Gatticker, meu treinador na Argentina. Eu nunca soube ao certo, mas suspeito que Charlie tenha me defendido. O relatório foi para o lixo.

"Em todas as verdades existem vírgulas, Fer. Eu achei que você fez muito bem ao não se curvar no que dizia respeito ao seu jeito de jogar, mas você não se permitiu absorver quase nada dessa experiência tão valiosa", disse meu pai. "Todas as pessoas, mesmo quando não parece, podem nos ensinar algo", concluiu. Ele tinha toda a razão. Quando penso nessa história e nas semanas que passei na Europa com Molina, a sensação que prevalece é a de perda de tempo. Também me sinto, até hoje, alvo de uma avaliação injusta e potencialmente prejudicial para uma carreira que nem tinha começado direito. Só que, como se diz no tênis, a bolinha sempre volta e nos dá a chance de acertar. É preciso estar esperando por ela e preparado para rebater.

Anos mais tarde, em 1993, uma coincidência maravilhosa aconteceu no vestiário da quadra Suzanne Lenglen, em Roland Garros. Após superar o torneio classificatório e vencer três jogos na chave principal, eu me preparava para enfrentar o espanhol Sergi Bruguera – que viria a conquistar o título – nas oitavas de final. Em frente ao espelho, jogando água na cara e falando comigo mesmo, percebi atrás de mim a chegada de duas pessoas conhecidas. Uma era Iván Molina, novamente acompanhando

Todas as pessoas, mesmo quando não parece, podem nos ensinar algo.

tenistas juvenis pela Europa. A outra era Gustavo Kuerten, que fazia parte da turma naquela temporada. Nós nos cumprimentamos, eles me desejaram boa sorte e se viraram para sair. Foi quando chamei Iván e disse: "Por favor, nunca mais diga a ninguém, muito menos a um jovem, até onde uma pessoa pode chegar na vida." Ele me olhou em silêncio, sem falar nada.

Quando contei a meu pai sobre o encontro, ele só disse "Qué grande, Fer. Qué grande". Ali estávamos colocando um ponto final – não uma vírgula – num episódio que poderia ter sido muito mais difícil de administrar, tanto para ele quanto para mim. Oitavas de final em Roland Garros pode não parecer um resultado tão relevante para quem olha de fora, mas, para uma família que investiu a vida toda no tênis, é a resposta a todas as dúvidas e ansiedades – e injustiças – enfrentadas no caminho.

Já profissional, voltar para casa era sempre uma oportunidade de contar histórias e ouvir os ensinamentos de meu pai

Volver

"Não consigo mais te patrocinar, Fer. Estou preocupado", disse meu pai. Foi como se o chão da cozinha do nosso apartamento se abrisse e eu despencasse num abismo sem fim enquanto pensava no que fazer para me salvar. Se ele estava preocupado, eu fiquei em desespero. Até hoje não sei se a situação era tão complicada quanto ele fez parecer ou se a conversa foi, na prática, mais uma forma de me afastar de um certo conformismo e me estimular a me mexer, porque, se havia uma coisa que irritava meu pai, era desperdício de tempo, e talvez ele achasse que era o que eu estava fazendo. Eu era um dos melhores juvenis do mundo, campeão do Orange Bowl, mas não ganhava um centavo com o tênis. Já tinha 18 anos, mas tudo que fazia – até o encordoamento das raquetes que usava – precisava ser financiado por meu pai.

Eu imaginava que, com as minhas credenciais, a chegada

ao mundo do tênis profissional seria menos traumática. Pensei, realmente, que atrairia interesse de patrocinadores e, ainda que com um orçamento modesto, poderia planejar os passos seguintes sem ter que pedir a aprovação – e o dinheiro – da minha família. Mas nada aconteceu. Quer dizer, quase nada. Uma marca esportiva me propôs usar suas raquetes sem me pagar, apenas fornecendo o material. Aceitei, mas depois me arrependi e voltei a jogar com as raquetes que preferia, mesmo tendo que comprá-las. O fato é que eu não tinha nenhuma entrada financeira e custava caro para meus pais e minha irmã, que, por acreditarem em mim e serem pessoas generosas, abdicavam dos próprios desejos sem reclamar. Eu era o número 900 do ranking mundial, depois subi para o 700 e o 400, mas estava longe de me bancar e me sentia incomodado com a demora.

A conversa na cozinha aconteceu porque haveria um torneio em Salvador e eu queria viajar. Quando comentei, percebi no rosto dele uma mistura de tristeza e constrangimento. Embora fizesse questão de deixar evidente que não era fácil manter um tenista por tantos anos, meu pai jamais se lamentou. Ele me sustentava porque queria, acreditava que valia a pena e tinha condições para isso. Naquele dia, porém, ficou claro que estava na hora de eu ter mais coragem e, principalmente, mais senso de responsabilidade em nome do futuro que queria para mim.

Semanas antes, fui jogar um torneio em Gramado (RS) e meu pai quis me acompanhar. Foi praticamente um bate- -volta, porque perdi rápido e tivemos que pegar a estrada de volta logo em seguida. Durante as longas horas da viagem de carro até São Paulo, ele fez uma análise do momento que eu vivia, deixando bem clara uma questão de atitude que o incomodava. "O tenista é um profissional em estado terminal, filho", disse, fazendo uma analogia fria e desconfortável que eu viria a repetir muitos anos mais tarde, numa conversa com meu sobrinho Felipe. "Diferentemente de muitas outras profissões, você tem prazo de validade, tem limite de idade para trabalhar", explicou. Uma de suas frases que mais me marcaram foi: "Ao escolher ser tenista, você fez um pacto com o tempo."

Meu pai queria me fazer entender que, antes mesmo de a minha carreira profissional começar, o tempo já estava acabando e eu precisava fazê-lo valer ao máximo. Cada treino era fundamental, cada hora na quadra precisava ser aproveitada. "Um dia, mais velho, você vai entender isso perfeitamente. O segredo é não esperar esse dia chegar, porque a sensação não é boa", ele disse. Talvez devido à vergonha pela derrota e por minha própria postura, não consegui ficar em silêncio e perguntei se ele nunca tinha desperdiçado uma oportunidade profissional. "Claro que desperdicei, mas essa pergunta me incomoda ainda mais do que a tua atitude na quadra hoje", ele respondeu, deixando-me curioso pelo motivo. "Eu sou apenas um fotógrafo que é bom no que faz. Você tem chance de estar entre os melhores do mundo no esporte que escolheu. Quer se comparar a alguém? Muito bem, mas, para que isso te traga algo de bom, a comparação tem que ser muito mais alta."

O grande problema das comparações está nos parâmetros. Quando definidos de maneira equivocada, o resultado é o conformismo ou a inveja, duas sensações extremamente danosas. Na viagem de volta de Gramado, meu pai me perguntou se eu realmente queria, um dia, estar entre os 100 melhores tenistas do mundo, recorte que marca a fronteira de uma carreira bem-sucedida. Respondi que sim. "Você acha que esse privilégio permite a alguém deixar esforço sobre a mesa?", ele quis saber. A resposta era óbvia, e eu já a conhecia, mas precisava tomar uma decisão fundamental e começar a pagar o preço cobrado de quem realmente quer se realizar no tênis profissional.

Com sua sensibilidade, meu pai também teve grande influência no trecho final da minha carreira, quando percebeu outra confusão minha em relação ao uso do tempo. Estávamos juntos num torneio em Montevidéu em dezembro de 2001, durante um período em que as dúvidas me atormentavam e as distrações começavam a se acumular. Eu vinha jogando sem técnico havia seis meses, justamente por não querer mais estar sob uma programação rígida, o que quase sempre é sinal de que uma ruptura está se aproximando. Não é preciso ser um visionário para imaginar que esse tipo de abordagem num ambiente tão competitivo não leva a bons resultados. A derrota na primeira rodada para o meu grande amigo André Sá me fez ver que eu já não queria estar ali, ou talvez até já não estivesse ali, sem perceber.

O tenista é um profissional em estado terminal. Diferentemente de muitas outras profissões, tem prazo de validade.

Entrei no quarto e disse a meu pai: "Viejo, vou parar." Sem qualquer expressão de surpresa, ele apenas me perguntou os motivos e se eu tinha certeza daquela decisão. Após me ouvir, não falou nada, abriu a porta e saiu. Fiquei ali, com uma certa frustração pela conversa que não aconteceu, mas também me sentindo muito mais leve por ter dado a notícia a ele. Por algumas horas, a ideia de ser um ex-tenista, deixar de ter obrigações, até me trouxe uma sensação de relaxamento. Eu não fazia a menor ideia de como iria preencher meu tempo, estava apenas aliviado por ter me resolvido internamente. Mal sabia que, enquanto eu contemplava a aposentadoria, meu pai articulava para me manter jogando.

Talvez essa afirmação não seja 100% fiel à realidade, porque, a princípio, não foi propriamente uma articulação. Naquela mesma tarde, o velho Osvaldo saiu do clube para tomar um café com Enrique "Bebe" Pérez, ex-tenista uruguaio que à época trabalhava como técnico dos espanhóis Alex Calatrava e Francisco Clavet. Bebe era, acima de tudo, um amigo. Nossas famílias se conheciam havia muito tempo e estavam sempre juntas no circuito. A ideia de meu pai não era fazer uma proposta profissional, mas pedir a Bebe que conversasse comigo sobre a decisão de me aposentar. "Fernando está confuso, disse que não quer mais jogar, e eu acho que ainda não é o momento certo", meu pai disse a ele.

No dia seguinte fomos jantar juntos e Enrique não demorou nem 20 minutos para me convencer de que ainda era cedo para encerrar minha carreira. Por coincidência, Calatrava estava deixando seu grupo de treinamento e abrindo uma vaga que eu poderia ocupar, se quisesse. Saí da mesa me sentindo novamente um tenista e, por mais dois anos, não só joguei bem e feliz como voltei a ocupar um lugar entre os 40 melhores do mundo. Foi o mesmo Enrique quem me avisou, após uma derrota em Roland Garros, em junho de 2003, após disputar o Qualifying, que a hora de parar tinha finalmente chegado e que eu deveria planejar minha despedida. Antes dele, porém, o viejo Osvaldo já tinha previsto minha aposentadoria das quadras com palavras definitivas: "Falta hambre. No veo el Fernando en la cancha."

*A magia da antiga
Copa Davis, em que um
argentino se enrolava
com orgulho na bandeira
do Brasil*

Lo Han Visto Con Otra

Depois de chegar muito perto de uma medalha nos Jogos Olímpicos de Atlanta, em 1996, um repórter me fez uma pergunta durante uma entrevista coletiva que entendi como inapropriada: "O Brasil precisou de um argentino para ir longe nos Jogos Olímpicos... como você se sente?" Talvez ele não quisesse criticar o tênis brasileiro nem me colocar numa posição delicada, mas foi assim que percebi. E respondi de forma incisiva: "Na minha visão, eu sou mais brasileiro do que você. A diferença entre nós é que você nasceu no Brasil e eu escolhi ser brasileiro." Trata-se de uma afirmação polêmica, reconheço. Afinal, como se mede o patriotismo que alguém carrega dentro de si?

Ao voltar para o Brasil, eu tinha várias histórias da Olimpíada para contar, mas esse foi o episódio por que meu pai mais se interessou. Era nítido que doía nele, por saber da minha luta para ser respeitado como brasileiro e de quanto isso me incomodava. Ele também sabia que representar o país nos Jogos Olímpicos é o auge da carreira de um atleta, algo como a "naturalização esportiva" para quem escolheu passar por esse processo, e que os questionamentos sobre o tema são um território sensível. Meu pai passou toda a vida exibindo o orgulho de ser argentino e defendendo a mim e minha irmã por sermos estrangeiros no Brasil. Ver seu filho ter que tocar nesse assunto, ainda mais depois de uma classificação para as semifinais do torneio olímpico, não foi agradável.

Para piorar, durante muito tempo ele acreditou que o Brasil não me queria. Foi a experiência que tivemos desde cedo nos clubes, nos torneios, no relacionamento com outros pais de tenistas e, em especial, com dirigentes do nosso esporte. Minha simples ida aos Jogos Olímpicos de Atlanta tinha exigido um esforço enorme, porque meu ranking só me permitia ir após desistências de outros jogadores. O Comitê Olímpico Brasileiro tinha determinado que ninguém disputaria os Jogos por convite, e tivemos que explicar que, no tênis, não há convite, e sim uma fila que anda. Ali já notamos que havia algo estranho, uma situação que conhecíamos bem. Durante todo o tempo, em silêncio, mas com olhares que revelavam muito, meu pai demonstrou seu apoio a mim e uma tristeza indisfarçável por me ver enfrentar as mesmas barreiras tantas vezes.

Um episódio crucial nessa jornada, e certamente uma das decisões mais difíceis que já tomei, aconteceu logo no início da minha carreira, durante um torneio de Roland Garros. Guillermo Vilas, meu ídolo de infância e então capitão da Argentina na Copa Davis, fez uma sondagem para saber de meus planos. Ele pretendia me convocar e sabia que, por ainda não ter participado dessa competição, eu poderia optar pelo país onde nasci ou pelo país em que vivia desde criança. Aquilo me custou muito, mas respondi que "meu coração estava no Brasil". Felizmente, Vilas foi compreensivo e, anos mais tarde, me felicitou pela decisão. Ao saber da conversa, meu pai aceitou a "derrota" com bom humor: "Você está me traindo, não posso acreditar...", disse, acrescentando que eu tinha "muchos huevos" por dizer não a Guillermo Vilas, um ídolo absoluto de todos os argentinos.

Diferentemente de minha mãe, que sempre disse que sonhava me ver jogar em Roland Garros enrolada na bandeira "celeste y blanca", meu pai tratava a questão com brincadeiras do tipo: "Se Brasil e Argentina se enfrentarem pela Copa Davis, vou torcer para você e a Argentina ganharem." Felizmente esse confronto não aconteceu, até porque seria um prato cheio para o assunto da minha naturalização. Tenho certeza de que, na quadra, eu me sentiria e me comportaria da mesma forma de sempre, mas admito que foi muito melhor não precisar passar por essa situação. Meus pais e minha irmã são argentinos até o último fio de cabelo na maneira de pensar e agir, nas comidas que preferem, nas músicas que ouvem. Eu os admiro e lhes agradeço por sempre terem sido assim e, principalmente, por terem mostrado um respeito inegociável pela minha decisão de me naturalizar.

Acredito que meu pai sempre soube onde meu coração estava, o que de certa forma o aliviou. E o tempo se encarregou de colocar as coisas e os sentimentos em seus devidos lugares. Após minha aposentadoria, ele se revelou satisfeito por eu ter conquistado vários troféus juvenis importantes pela Argentina e por ter colocado o país no primeiro lugar do ranking juvenil, mas reconheceu que "nada disso te empolgou como fez o calor desta terra que nos acolheu de maneira tão amorosa". Àquela altura, com experiência e sabedoria, creio que meu pai se reconciliou com as situações que enfrentamos durante boa parte da minha vida como tenista e, em retrospecto, preferiu a gratidão: "Tenho a satisfação de ter dado ao Brasil uma pessoa muito importante da minha família, meu próprio filho, em retribuição a todo o bem que recebi desta bendita terra."

Acima de tudo, o que vivi como tenista brasileiro por opção compensou, com muita folga, os problemas que precisei superar. Minha relação com o Brasil é repleta de amor e gratidão. Eu a exerço dentro do universo do esporte que amo incondicionalmente, com os valores e a visão crítica que aprendi na minha casa, onde meu pai nunca nos permitiu ter dúvida sobre o certo e o errado. "O certo vale mais do que a vitória, o correto vale mais do que o poder, e o que é seu vale mais do que todo o dinheiro do mundo", ele sempre disse. Ao final, uma decisão tomada com o coração ou está certa, ou não deixa espaço para arrependimentos. Comigo foi assim. Uma frase do velho Osvaldo resume tudo: "Tenho certeza de que na Argentina não te quereriam como aqui."

Os passeios de barco eram um pretexto para reunir a família e tratar de assuntos importantes com o comandante Osvaldo

Mano a Mano

Meu pai não entendia de tênis, no sentido técnico. Nunca conversamos sobre como melhorar meu backhand ou por que eu não subi à rede num ponto importante. Mas ele entendia tanto de pessoas que nossas conversas me ensinaram muito mais sobre tênis do que eu poderia imaginar. Um dia ele me perguntou por que eu não analisava meu adversário na hora de sacar. Ele achava que meu saque era um movimento mecânico, para colocar a bola em jogo, em vez de ser a primeira mensagem para o outro lado. Expliquei que o mais importante era detectar o posicionamento do rival, e que isso eu fazia com uma rápida olhada antes de decidir como e onde sacar, mas ele estava falando de outra coisa.

Nesse dia, conversamos sobre o que ele chamava de "tenista avestruz", que passa o tempo todo entre os pontos olhando para baixo, que não encara o adversário. "Na vida temos que olhar nos olhos das pessoas, Fer. E o tênis é como a vida", ele disse. "Na quadra é preciso aprender a ler o sujeito que estamos tentando superar. Só olhando bem para ele você saberá se ele está confiante ou receoso. E só olhando para ele você mostrará a sua própria confiança." Eu só viria a ter a noção exata de como esse "jogo dentro do jogo" era importante bem mais tarde, ao começar a entender quando meus oponentes estavam blefando, fingindo que estavam machucados ou olhando para mim como se quisessem me destruir. "Não quero te ver procurando moedas no chão, filho", ele alertou.

O velho Osvaldo também dizia que o jogo de tênis tem um último ponto, que determina o vencedor e o vencido, mas que o jogo entre dois tenistas tem vários "últimos pontos". Trata-se de uma conversa entre pessoas que levam para a quadra suas virtudes e seus defeitos, suas certezas e ansiedades. Nessa conversa, é fundamental identificar os momentos cruciais, capazes de mudar o rumo da partida. São situações que acontecem várias vezes durante um jogo e exigem não só concentração, mas também atitude. É preciso estar presente em cada instante. Cada um desses pontos significa pequenas vitórias que nos aproximam do que queremos. Não é possível ganhar todos, claro, mas é fundamental reconhecê-los, porque são oportunidades de mostrar que estamos aqui. "Todos sabem jogar, mas poucos conseguem enxergar os diferentes 'match points'", meu pai observava.

Quando pequeno, eu levava muitos medos para dentro da quadra. Medo de jogar mal, de passar vergonha, de decepcionar as pessoas, de perder. Esses medos se manifestavam de diferentes formas, todas muito prejudiciais, mas difíceis de identificar. Na minha maneira de ver, eu apenas não conseguia repetir o que treinava, ou insistia em decisões erradas nas horas mais importantes. Nessa época, final da minha infância, meu pai começou a me levar para ver lutas de boxe. Eu nem sabia que ele se interessava pelo esporte, nunca o tinha ouvido falar sobre algum lutador argentino, por exemplo. Nós íamos a clubes pequenos e nos sentávamos em cadeiras velhas bem perto do ringue. Não eram eventos de campeões, e sim de desconhecidos literalmente lutando por dias melhores. Eu olhava para cima, via aqueles caras grandes se movimentando e me assustava com o barulho dos golpes. Era fascinante estar tão próximo a ponto de ouvir a respiração dos lutadores, a forma como soltam o ar ao desferir os socos.

O objetivo do velho Osvaldo era me mostrar como o boxe e o tênis eram semelhantes. Durante os combates, meu pai me explicava o que cada lutador estava tentando fazer. O baixinho que tinha menos envergadura e ficava o tempo todo circulando no ringue, sendo perseguido pelo rival que era maior e parecia mais forte. "Está vendo? Ele está cansando o outro e esperando o momento certo para atacar", dizia. "Veja como o trabalho de pernas é importante, Fer. Se ele parar, está perdido." Às vezes parecia que a luta ia acabar em nocaute, tal a quantidade de golpes que um lutador sofria. Mas ele não caía, aguentava, apanhava e continuava em pé. "Esse aí se parece com você.

Pouca técnica, mas muito coração", dizia meu pai. Quando alguém era derrubado, meu pai torcia para a luta continuar. "Ele vai levantar, está lutando com tudo que tem. Isso se chama garra, Fer", explicava.

Ali eu comecei a perceber que, embora houvesse diferenças óbvias entre o boxe e o tênis, a coragem necessária para entrar num ringue de boxe ou numa quadra de tênis era a mesma. "Esses lutadores têm os mesmos medos que você, filho", disse meu pai. "Só que você não precisa se preocupar em sair machucado da quadra, né? O pior que pode acontecer é perder", concluiu. Dizer que meus medos desapareceram a partir do dia seguinte seria um exagero, mas é possível que esse exemplo tenha exercido grande influência na minha personalidade como tenista profissional. A imagem que sempre passei, de lutar até o final e me atirar em todas as bolas, foi construída pelas dificuldades que precisei superar e, especialmente, pelo autoconhecimento. Eu sabia muito bem quem era e até onde ia minha capacidade. A decisão de compensar deficiências com espírito de luta precisa ser exercitada todos os dias.

Aquelas lutas de boxe também me ensinaram que as aparências não importam, pois tudo se resolve na hora em que as palavras dão lugar à ação. Quantos e quantos lutadores eu vi subirem ao ringue com ar de superioridade e descerem derrotados, com o ego mais ferido do que o rosto. Essas ocasiões eram um prato cheio para os comentários do velho Osvaldo, que estava sempre observando e aconselhando. "O grande adversário que todos nós temos é a confusão entre confiança e arrogância", ele dizia. A confiança vem de saber que temos as mesmas possibilidades dos nossos adversários. A arrogância é achar que temos mais. No final, o ringue e a quadra sempre mostram a verdade.

*Meu pai visitando o Museu
Egípcio do Cairo, o tipo
de passeio que ele adorava
e me incentivava a fazer
durante as viagens*

Una Tarde

Um tenista é medido em semanas. Parece estranho, mas é assim, mais ou menos como um prazo de validade, especialmente nos tempos atuais, tão imediatistas. Os torneios duram uma semana, ou duas, no caso dos Grand Slams. O ranking é atualizado semanalmente. A cada semana todos perdem, menos um, e os elogios e as críticas se renovam. A cada novo ciclo, as oportunidades se apresentam. Um dos meus primeiros técnicos, o Gringo, costumava dizer que "todas as segundas-feiras trazem uma nova chance para quem joga tênis, mas nunca sabemos quando vamos aproveitá-la".

Eu me lembro, como se fosse hoje, da minha primeira semana como tenista profissional. Quer dizer, não foi exatamente a primeira semana, mas a primeira vez que me senti parte do chamado circuito profissional. Foi num torneio no Guarujá, em 1991. Eu nunca tinha jogado numa quadra central, nem recebido o tratamento reservado aos grandes tenistas nesses eventos, nunca tinha conquistado uma vitória daquelas que servem para apresentar um atleta ao mundo. Tudo aconteceu nessa semana no litoral de São Paulo, com a presença do meu pai.

Foi nesse torneio que ganhei do Cássio Motta, um grande nome do nosso tênis e uma referência para quem estava começando a vida. Ele era o número 109 do mundo, estava acostumado à parte de cima da pirâmide do tênis. Eu era um garoto que só conhecia torneios pequenos, quadras apertadas e nenhum glamour. Estava na posição 396 do ranking, mas venci por 6/2 e 6/4. Ao abraçar meu pai na saída da quadra, vi os olhos dele brilhando de um jeito diferente, como se estivesse se sentindo acolhido naquele ambiente de que tanto queríamos fazer parte.

Mas ele pouco falou. Sabia que a minha empolgação era precipitada, porque a vida no tênis pode ser tão impiedosa quanto em qualquer outra área. Na segunda rodada, a chave me reservava um encontro com outro tenista talentoso que não deveria perder para mim. Diego Pérez, número 129 do mundo. O jogo foi rápido e fácil para ele. Só consegui fazer três games em pouco mais de uma hora, um baile que me deixou arrasado e me fez perceber o tamanho do buraco que é a carreira de tenista. Aí meu pai quis conversar.

Estávamos no gramado entre as quadras do Hotel Jequitimar, com o mar ao fundo. Ele me perguntou: "Agora você entendeu? Está preparado?" Olhei para ele com cara de ponto de interrogação. "O desafio verdadeiro não é o tamanho da conquista que se quer, e sim quanto é necessário trabalhar para ter a chance", ele explicou. "Hoje você teve uma amostra grátis do que te espera, Fer. Se quiser jogar neste nível e estar sempre em torneios como este, você vai ter que trabalhar muito mais, querer muito mais e entender quais são as evoluções que precisa buscar no teu jogo."

Era fim de tarde, aquela hora em que a luz vai indo embora e, de repente, tudo fica diferente. Esse momento representou um começo e um fim para mim. Era o começo de algo que poderia se tornar o meu dia a dia, se eu fizesse por merecer. E o fim de um período em que as coisas aconteceram meio naturalmente. Foi como um rito de passagem. Ficamos ali por mais um tempo, conversando sobre outras coisas, até que ele se levantou, olhou em volta, sorriu e disse: "É legal isto aqui, né? O lugar, o torneio, o ambiente... É aqui que você merece estar, filho."

Muitos anos depois, voltamos a falar sobre esse jogo contra o Diego Pérez, e meu pai me revelou que sentiu medo. "Ele te deu uma aula de tênis, e eu achei que a distância era muito grande. Achei que a montanha que você precisaria subir era muito alta", relembrou. Perguntei por que ele não mencionou essa sensação quando conversamos ao final daquele dia, e o viejo Osvaldo se saiu com uma de suas frases de efeito: "Porque eu tinha que manter a minha fama de mau...", respondeu, rindo. O papel dele naquele momento era o de me estimular, chamando minha atenção para o nível de exigência que eu deveria me preparar para enfrentar. Se dissesse que estava com medo, transmitiria a mensagem contrária, que não me ajudaria em nada.

Esses dois relatos da mesma conversa ilustram sua capacidade de escolher as coisas certas para dizer, mesmo que fosse necessário omitir o que não cabia na hora. Claro, grande parte disso é o que se chama de "papel de pai", mas ele sempre teve muita sensibilidade para transmitir a ideia correta e verdadeira, mesmo que parcial. Foi assim antes e durante toda a minha carreira, e também depois, ao me orientar quando eu precisava, respeitando os momentos e minha capacidade de compreensão. Não foram poucos os episódios em que ele me mostrou que eu estava errado e me apresentou a solução, frequentemente sem precisar de longos papos.

Certa vez, quando eu estava num aparente declínio técnico e não conseguia mais me manter entre os 100 melhores do mundo, após 10 anos nesse grupo de elite, ouvi uma música no corredor do hotel. Os versos em espanhol saíam do nosso quarto. Eu tinha acabado de ser eliminado de um torneio e estava irritado, voltando de um treino em que havia feito quase tudo errado, um péssimo presságio para jogar na semana seguinte. Quando abri a porta, vi meu pai dançando sozinho a música "Lunes Otra Vez", da banda de rock argentina Sui Generis. "Qué mierda haces, viejo?", perguntei. Ele abaixou o som, se aproximou de mim sorrindo e disse: "A beleza da vida é que nós nunca sabemos quando ela vai mudar, Fer. Você é uma pessoa incrível, que acredita nos seus sonhos e luta. Acalme-se. Na semana que vem estaremos no Cairo e tudo pode ser diferente, lá você pode fazer a diferença."

Lunes otra vez. Todas as segundas-feiras trazem uma nova chance.

*A família Meligeni reencontra
Nunes, nosso primeiro
técnico, durante o torneio
Banana Bowl de 1989*

Uno y Uno

A relação entre pais e técnicos tem um papel crucial no desenvolvimento de um tenista, desde as primeiras visitas a uma quadra até a forma de lidar com o ambiente do circuito profissional. Em todas as fases, cada um precisa entender bem seu papel e, em especial, identificar seu território. Não é um equilíbrio fácil de encontrar. Quando existe desgaste, o que é frequente, o principal prejudicado é o tenista – ou o projeto de tenista –, que fica no meio do caminho entre a autoridade do pai e o conhecimento do técnico.

Só tive uma experiência que poderia ter sido negativa nesse aspecto, algo que nunca comentei publicamente e que não chegou a se transformar em um problema. O mais importante é que, ao longo da minha vida no tênis, tive a sorte de contar com um pai extremamente sensível e discreto e treinadores que, acima de tudo, eram ótimas pessoas. A personalidade de meu pai e a de meus técnicos sempre se completaram, de modo a me oferecer o que eu precisava em cada lugar, em casa e na quadra, sem nenhum tipo de influência desnecessária. Só tenho a agradecer a eles por saberem exatamente como cuidar de todos os Fernandos que eu fui durante esse processo longo e complexo.

Nunes foi o primeiro e, provavelmente, o mais influente técnico na construção da minha relação com o esporte. Foi ele quem, ao receber um menino de 8 anos para sua primeira aula de tênis, colocou a mão no meu ombro e disse: "Bem-vindo ao melhor lugar do mundo. Um lugar que te permite sonhar, se desafiar, desafiar os outros e que pode te levar até onde você nem imagina." É mais apropriado chamá-lo de professor do que de técnico, embora ele tenha sido ambos. Na infância de alguém que talvez um dia consiga se tornar tenista, há ensinamentos muito mais importantes do que os fundamentos do jogo, e o Nunes era a pessoa certa para essa tarefa.

A maneira como Nunes me recebeu na quadra no primeiro dia tranquilizou meu pai. Ouvir um jovem treinador de 19 anos falar dos mesmos valores que o velho Osvaldo me transmitia em casa permitiu que nossa história juntos prosseguisse. Meu primeiro almoço no clube não foi no restaurante dos sócios, e sim no refeitório, junto com todos os pegadores de bola. Lembro-me de contar a meus pais ao chegar em casa, à noite, que a ideia tinha sido do Nunes e que eu tinha adorado. O velho Osvaldo então me disse: "Que bom, Fer. Antes de ser qualquer coisa na vida, precisamos ser boas pessoas." O velho Osvaldo sabia que Nunes sempre me mostraria o caminho certo. Ele só me pedia para ser educado e respeitar o técnico em todas as situações.

Nunes era como um segundo pai, o que não gerava nenhum tipo de ciúme ou rivalidade. Era ele quem me levava do clube para casa, de ônibus, quando ninguém podia ir me buscar. Era ele quem me consolava quando eu perdia jogos sem fazer um game sequer. Era com ele que eu viajava para disputar meus primeiros torneios fora de São Paulo. Meus pais não podiam me acompanhar, mas confiavam totalmente no discernimento do Nunes em todos os momentos. Conversando sobre essa época, meu pai comentou: "O Nunes te mostrou que você tinha que alimentar seus próprios sonhos e te guiou no início." É muito comum crianças precisarem da aprovação dos pais naquilo que fazem, e comigo não foi diferente, mas a presença do Nunes me ajudou a construir autoconfiança desde cedo.

Mais tarde veio o período na Argentina, que, mesmo à distância, meu pai supervisionou com bastante cuidado porque era o começo da adolescência e eu estava longe de casa. Ele me contou que pedia aos técnicos da academia em que eu treinava para me expor às dificuldades. "Te mandei pra lá pra ver 'se o bicho pegava' e como você reagiria a ter que resolver seus problemas sozinho", explicou. "Talvez você tenha sofrido um pouco mais do que imaginava, mas creio que o crescimento foi proporcional." De certa maneira, foi na Argentina que me formei como jogador, no aspecto das estratégias e da identificação dos meus pontos fortes e fracos. Foi ao fim dessa época que comecei a procurar técnicos capazes de me conduzir no início da minha vida competitiva.

Meu pai fez leituras precisas das características de todos eles. Gringo era "muito valioso pela experiência", por ter proximidade com Guillermo Vilas e por ter trabalhado com nomes importantes. Marcelo Meyer entendia que "as pessoas são marcas que precisam ser valorizadas e saber se valorizar". Bebe Pérez sempre foi praticamente um membro da nossa família, por ser uruguaio e compartilhar os valores que cultivávamos em casa. O velho Osvaldo se relacionava de uma forma diferente com cada pessoa. De alguns era mais próximo no sentido pessoal, de outros, menos, mas sempre se mostrando respeitoso e ciente de seu lugar na dinâmica profissional. Era uma convivência baseada na confiança, mas, ao mesmo tempo, na atenção permanente. "Saiba extrair o melhor de todas as pessoas à sua volta, Fer", ele repetia.

O curioso na história de meu pai com os técnicos é que o único com quem ele teve questões mais sérias foi justamente o melhor. Trabalhei por sete anos com Ricardo Acioly, o Pardal, período em que joguei em meu nível máximo e alcancei os resultados mais importantes. Meu pai admirava demais a capacidade do Ricardo nas partes técnica e tática, mas, a seu modo, não concordava com os métodos de treinamento. Nas pré-temporadas que fazíamos em Angra dos Reis, era comum treinarmos por seis, sete horas. Eu terminava os dias completamente destruído e ouvia o velho

Osvaldo perguntar: "Para que tanto? Não é necessário..." O interessante é que meu pai não falava só porque me via cansado. Já na época, ele acreditava que o treinamento de repetição por longas horas – método de preparação considerado correto no mundo do tênis e usado por todos – era contraproducente. "O que é melhor? Repetir por repetir ou fazer menos e bem-feito?", questionava.

Ricardo estava apenas fazendo seu trabalho, e muito bem. Sempre foi um técnico atualizado, e não havia nada de inapropriado com nossos treinamentos. Mas é preciso considerar a possibilidade de meu pai estar à frente do tempo, pois hoje se treina por menos horas e sempre de forma específica. Certo dia, ele me perguntou se eu não achava que deveria mudar de treinador, por entender que um jeito diferente de trabalhar me faria bem. Minha posição foi absolutamente clara: Ricardo era muito competente, além de ser uma pessoa de quem eu gostava. Quem escolhia meus técnicos era eu, e nós continuaríamos trabalhando juntos. Foi a única vez que ele fez essa pergunta. Ele nunca mais voltou ao assunto, permitindo que as coisas ficassem claras entre nós e respeitando o meu espaço para tomar decisões.

*Osvaldo se divertindo no
passeio para visitar a Esfinge
e as Pirâmides, durante
um torneio em 1996*

El Brujo

O medo de voar sempre foi um problema para o pai de um tenista que passava mais de 30 semanas por ano viajando, mas a sensibilidade e o jeito de viver do viejo Osvaldo solucionavam essa questão a seu modo. Quando tomava coragem para entrar no avião, ele fazia valer a pena. Meu pai sabia que, além de adorar sua companhia, eu me beneficiava daquela presença que ao mesmo tempo me acalmava e me estimulava a melhorar. "Aprovechame, macho. Mis minutos valen oro", ele me provocava.

 Na primeira vez que ele me acompanhou na Europa, eu estava com a cabeça a mil por causa de uma namorada no Brasil, cheio de dúvidas sobre meu jogo e bastante pessimista a respeito dos resultados. Conversávamos muito no hotel todos os dias, mas o que meu pai gostava mesmo era de passear e experimentar as coisas que conhecia de ouvir falar, mas ainda não tinha vivido. Claro que ele tinha muito mais tempo do que eu e, como só me restavam as noites livres, o jeito era sairmos para jantar. Um bom restaurante, na visão dele, era um lugar calmo onde pudéssemos comer bem e conversar com tranquilidade. "Aproveite o que você tem, filho. O circuito é duro, mas te permite viver. Sair para comer e falar sobre outros assuntos é importante", dizia.

Meu pai quase nunca falava dos resultados das partidas. Não era um tema que o encantava. A cultura, as pessoas e a história eram seus verdadeiros interesses. Os museus em Madri, as ruas e os cafés em Paris, a comida em Lisboa. Ele se virava muito bem sozinho, era o tipo de pessoa que se satisfazia com a própria companhia. Uma vez, em Miami, o comandante Osvaldo me convidou para fazer um passeio de barco, mas eu tinha que treinar. Ele foi e desapareceu por horas, sem mandar notícias. Ninguém sabia seu paradeiro. À noite, quando nos encontramos no hotel, minha expressão revelava certa preocupação, mas ele sorria: "Tranquilo, pendejo. Estaba velejando y en eso soy un crack." Ficou o jantar inteiro falando sobre a temperatura da água, o comportamento das correntes e do vento, comparando o mar de Miami com o de Angra dos Reis, seu reduto. "Vivo la vida por los libros, pero en vivo es mucho mejor", ele dizia.

No Museu do Louvre, fomos ver a maravilhosa exposição sobre o Egito. Ele prestava atenção nos mínimos detalhes, queria sempre conhecer mais, descobrir, entender melhor. Dizia que estávamos diante da história da humanidade e não se conformava ao ver as pessoas passando por aquele

Vivo la vida por los libros, pero en vivo es mucho mejor.

acervo como se estivessem com pressa para ir a outro lugar. Que lugar poderia ser mais interessante? No Cairo, ele adorou as pirâmides, comprou papiros para decorar a casa em Angra. Quando não estava presente, me fazia encomendas. Um cortador de mosaico de alguma cidade francesa, mapas de navegação e acessórios para barcos de Miami, etc.

O velho Osvaldo era um sucesso permanente entre jogadores e técnicos sul-americanos, sobretudo os argentinos e uruguaios, que adoravam ouvir as histórias de "lobo do mar" que ele contava com maestria. Era comum eu chegar aos hotéis e vê-lo conversando com algum jogador sobre tudo, menos tênis. Ele conhecia o mundo pelos livros, mas era um expert na vida. Talvez por isso fosse tão adorado. O circuito está sempre saturado de tênis, assunto que domina as conversas durante os torneios. Assim, quando aparece alguém capaz de retirar as pessoas dessa enorme bolha, mesmo que apenas por alguns minutos, é quase como uma bênção. "Eu não viajo tanto com você para não te ofuscar, porque tenho mais carisma...", ele dizia, às gargalhadas.

Era uma pena que meu pai não me acompanhasse mais vezes. Eu queria muito que ele tivesse ido comigo para a Nova Zelândia e a Austrália, onde a paixão pelos barcos é impressionante. Ele teria adorado e provavelmente diria que ensinou aquelas pobres almas que, viciadas em competir, não aproveitavam o privilégio de estar no mar. Lembro-me de uma vez que vi os veleiros enormes de uma regata de volta ao mundo ancorados no porto de Auckland, Nova Zelândia. "Yo no estoy pero quiero que vayas y me cuentes todo. Habla con los tipos. Saca fotos. Agarra todas las informaciones y me cuentas", pediu.

Era comum eu contar a meu pai que tinha conhecido algum ponto turístico e perceber, em pouco tempo, que ele sabia muito mais sobre o lugar sem jamais tê-lo visitado. Seus olhos brilhavam pelo fato de eu aproveitar a oportunidade que o tênis me dava de conhecer o mundo e pela chance de, numa conversa qualquer, ele próprio aprender um detalhe a mais. Quando eu voltava para casa após semanas viajando, nossas conversas eram sempre assim. "El tenis es para los tontos del circuito, Fer. Hablemos de lo que importa", dizia. E perguntava, comentava, observava.

Se fosse pela vontade da minha mãe, que sempre teve rodinhas nos pés, eles dois teriam viajado muito mais e eu teria uma coleção mais volumosa de lembranças do viejo Osvaldo pelos hotéis, clubes e cidades do mundo. Teríamos mais conversas durante longos jantares e mais histórias para contar. Não lamento o tempo que passei longe de casa ao longo de 14 anos jogando tênis. Era a natureza do meu trabalho, um fato que quem escolhe essa carreira deve aceitar. O que me dói é não ter conseguido convencer meu pai a entrar no avião com mais frequência, para podermos viver juntos a vida "ao vivo", como ele dizia. Os minutos dele, e com ele, eram mesmo de ouro.

*Dois aposentados curtindo
um dia de sol e vento a
bordo do* El Pibe, *mas ainda
falando sobre minha vitória
no Pan de 2003*

Manos Brujas

A maioria das coisas que aprendi na infância foi meu pai quem me ensinou. Ele tinha pouco tempo livre, mas sempre o usava da melhor maneira. Tentou me ensinar a usar as mãos para fazer coisas, um talento que, definitivamente, não herdei. A pintura foi uma paixão que só abraçou mais tarde na vida, mas ele sempre teve muito interesse e admiração por artistas. Quando íamos ver exposições ou visitávamos museus, ele me estimulava a desenhar e pintar.

Lembro-me do dia em que meu pai comprou uma tela em branco, pincéis, tintas e me pediu para desenhar o que eu quisesse. Não saiu nada. Ele fez o mesmo quando meu filho Gael era pequeno. Fomos visitá-lo em Angra, e ele tinha um presente para o neto. Na verdade, dois. Um quadro pintado por ele – a imagem de um barco navegando – e uma tela em branco para o Gael. "Pinte o que quiser, Gael, não existe certo ou errado quando estamos criando", disse.

Durante esses dias, eles se sentaram juntos e desenharam por horas. Meu pai criou várias telas. Gael tinha 3 anos, mas até hoje guarda na memória os desenhos que fez com o avô.

Outra bela lembrança da minha infância é de uma tarde no parque Ibirapuera. Quando chegamos, ele me deu uma pipa e não falou muito. Eu via as crianças brincando, correndo para usar o vento e fazer as pipas subirem, e achei que era fácil. Comecei a correr e ele foi atrás. Eu tentava fazer a pipa subir, mas segurava a linha curta e ela não saía do chão. Ouvia meu pai gritando "Solta a linha!" e não entendia por quê. Se soltasse a linha, a brincadeira acabaria. Por vários minutos segui correndo, e ele atrás, rindo. Eu estava frustrado e triste por não conseguir empinar a pipa. Quando cansei e desisti, ele explicou: "A veces tenemos que soltar las cosas que amamos. Déjalas ir." Em seguida, com todo o cuidado, ele me mostrou como fazer. Um pouco ele, um pouco eu. Só depois do erro e da decepção ele me corrigiu. Na sequência, eu consegui. Ele pulava, dava risadas e aplaudia: "Conseguiste, Fer!"

Ele fez o mesmo quando fomos ao pico do Jaraguá, um dos pontos mais altos de São Paulo, para descer uma ladeira enorme num carrinho de rolimã. Ainda na estrada, olhando para o pico, fiquei assustado. Quando chegamos, ele parou o carro e começamos a descer. Ele me ensinou a ir bem devagar, usando o freio, tomando todos os cuidados necessários. Desceu duas vezes para me mostrar o jeito certo. Com calma, sem excessos. Quando chegou minha vez, no começo fui tímido, mas aos poucos me soltei e comecei a ir mais rápido. "Te vas a lastimar... Despacio!" Em dado momento perdi o controle numa curva, me assustei, e ele me mandou parar: "La confianza, no te la creas. La soberba es el gran enemigo del resultado final. Tienes que tener humildad. No sabes nada todavía." Era assim que ele me ensinava: estímulo, permissão para errar, tratamento da frustração e o exemplo certo.

Contrariando o que escrevi no início do capítulo, sobre não ter herdado o talento de meu pai com as mãos, alguém poderá dizer que minha carreira no tênis é a prova de que recebi, de alguma forma, essa virtude dele. Mas estamos falando de coisas diferentes. Meu pai era muito melhor usando essas habilidades do que eu fui como tenista. Não é exagero chamá-lo de artista nessa área, enquanto eu era um trabalhador na quadra. E sim, o tênis sempre teve e sempre terá seus artistas, que merecem essa reverência porque reposicionam as fronteiras entre o esporte e a arte. Sabemos seus nomes, porque são raros.

Por outro lado, não se pode negar que o tênis é um exemplo de atividade praticada com as mãos. A raquete deve ser uma extensão do corpo, embora os melhores façam os golpes parecerem tão fáceis, tão naturais, que temos a impressão de que estão jogando sem a raquete. Quando eu observava meu pai pintando ou fazendo mosaicos, via uma pessoa dando vazão a um talento, talvez um dom. Ele estava sempre tentando melhorar, testando técnicas, experimentando equipamentos. Eram passatempos, sim, mas levados a sério, com a intenção de evoluir.

Eu também tive que evoluir em meu "ofício", não por um interesse especial, mas por uma questão de sobrevivência. Certa vez, estava no Rio de Janeiro, a ponto de iniciar mais uma pré-temporada, quando meu técnico, o Pardal, me chamou para uma conversa. Na época eu tinha 24 anos, já estava estabelecido entre os 80, 90 primeiros do ranking. Não só me pagava como conseguia ganhar e guardar dinheiro. Sentia que jogava bem, que o ambiente dos 100 melhores do mundo era o meu lugar. Mesmo assim, Pardal queria que eu fizesse uma alteração técnica no meu backhand, deixando de usar duas mãos para bater com apenas uma. O argumento era instigante, porém arriscado: "Com essa esquerda, você não será melhor do que 80 do mundo. Se estiver bom para você, ok. Mas, com uma esquerda melhor, você pode chegar muito mais longe."

O problema é que uma mudança de fundamento naquele momento da carreira poderia dar errado, e a perda de confiança seria muito prejudicial. Ele pediu que eu respondesse no dia seguinte, para iniciarmos a pré-temporada com essa questão resolvida. Para mim, era importante saber até que ponto ele acreditava no sucesso da mudança. Diante da convicção dele, topei na hora, mas confesso que a dúvida e o receio me consumiram naquela noite.

Eu precisava conversar com meu pai, a pessoa que sempre me transmitiu clareza e coragem. Quando telefonei, falamos por pouco tempo, mas foi o bastante para ele me passar toda a firmeza de que eu precisava: "Quando você foi para a Argentina sozinho, você ficou inseguro. Quando se naturalizou brasileiro, também teve dúvidas, mas nunca deu um passo atrás. Esse é mais um momento da sua vida em que você vai ter que acreditar no teu sentimento e na tua capacidade."

O processo de aprender um golpe diferente, depois de tanto tempo habituado a outra mecânica, é muito semelhante a fazer algo pela primeira vez. Muita tentativa e erro, experimentação, ajustes, frustração. Dessa vez, o professor não foi o meu pai, que preferia ver os treinos de longe, sem intromissões, mas sempre me passando confiança. Devo ao Pardal, que me orientou da melhor maneira possível, a sugestão e a condução de um aprendizado que me levou a meus melhores dias como tenista.

*Preparando-se para sair
com o* El Chueco, *checando
se estava tudo em ordem,
como manda o manual dos
bons capitães*

Lobo de Mar

A paixão do velho Osvaldo pelo mar era tamanha que servia de inspiração para seu jeito peculiar de encarar o mundo. Pela forma como ele falava e se relacionava, o barco era uma espécie de treinamento para uma maneira de viver. É curioso como a perda nos faz repassar momentos e conversas que ficaram meio soltos na memória, e, quando os resgatamos, percebemos sentidos que inicialmente nos escaparam. "Limpe as cracas você mesmo, nunca deixe que outra pessoa faça isso", meu pai dizia sempre que voltávamos de um passeio e tínhamos que deixar o barco impecável para o dia seguinte. "Un día lo vas a entender", repetia.

O viejo Osvaldo me ensinou tudo que é preciso saber sobre a vida em um barco, incluindo os preparativos antes de um passeio e os cuidados posteriores. Aprendi com ele a manejar as velas, entender e respeitar as regras e as leis, compreender e aceitar os riscos inevitáveis, mas ter sabedoria para não desafiar o mar. "Se você cai, morre, e eu sempre te quero com segurança, Fer", ele dizia. Depois me ensinou a lidar com as marés, as rotas, os mapas, as distâncias e a usar o rádio para me informar e pedir socorro. Por fim, me mostrou como navegar, sendo sempre gentil com o leme, nunca com pressa. "Velejar é um jogo de cinco sets, filho. Quer ir rápido? Compre uma lancha", ele brincava. Eu adorava tudo aquilo e percebia com clareza como o aprendizado era importante para que as coisas saíssem bem. Ele fazia questão de enfatizar quem era o capitão, mas ficava orgulhoso quando me via no comando, velejando e curtindo a viagem.

"Un día lo vas a entender..."

Eu sempre entendi. Quer dizer: sempre entendi do meu jeito. Limpar as cracas do barco é uma maneira de cuidar do que é nosso com as próprias mãos, um gesto de carinho. Quando passamos essa tarefa para outros, perdemos a conexão. Mas não era bem essa a lição que ele queria me ensinar, ou pelo menos não era a única. O viejo Osvaldo queria me mostrar como assumir responsabilidades e manter, sempre, a paz de espírito para lidar com as situações mais complicadas. Só fui compreender esse aspecto de suas lições muito mais tarde na vida, quando não jogava mais tênis. Minha ficha caiu durante uma das decisões mais difíceis que já precisei tomar.

Em 2006, como capitão do Brasil na Taça Davis, liderei uma equipe que tinha Gustavo Kuerten, Flávio Saretta, André Sá e Ricardo Mello num confronto com o Peru, na casa deles. Chegamos ao domingo ganhando por 2 a 1: na sexta-feira, Saretta fez 3 sets a 0 em Iván Miranda, e Luis Horna ganhou do Ricardo Mello por 3 a 0. No sábado, com Guga e André Sá, ganhamos nas duplas por 3 a 2. Precisávamos de apenas uma vitória no último dia para fechar o confronto, mas Guga lidava com uma torção no tornozelo, e Horna – à época, número 69 do ranking – era favorito contra Saretta.

Meia hora após chegarmos ao hotel, enquanto eu pensava na melhor forma de encarar os jogos do domingo, Guga e seu técnico, Hernán Gumy, bateram à porta do meu quarto. Guga foi direto: "Fino, se o Flávio perder, eu vou jogar o quinto ponto amanhã. Não podemos colocar o Ricardinho nessa furada, ele já jogou abaixo do que pode no primeiro dia, e seria uma porrada muito grande pra ele." Eu sabia o que se passava na cabeça do Guga: ele estava preocupado e achava que, mesmo machucado e com pouca mobilidade, ganharia o quinto jogo de Iván Miranda.

Escutei pacientemente os argumentos de Guga e não neguei sua razão. Jogadores espetaculares como ele são capazes de vencer mesmo longe das melhores condições, porque, além de serem geniais, conseguem impor um nível de confiança que os normais não acompanham. Perder na quinta partida não era uma possibilidade na mente de Guga. Na minha, porém, era. Quando ele concluiu, respondi: "Desculpe, Guga. Você não vai jogar. Eu vou colocar o Ricardo." A expressão no rosto dele se transformou na hora. Era o primeiro embate que nós dois, que sempre fomos muito companheiros dentro e fora da quadra, precisaríamos superar. Ele me encarou de um jeito que eu nunca tinha visto e me disse que eu estava cometendo um erro.

Respondi com a firmeza que a situação merecia. Disse que ele tinha o direito de dizer publicamente o que pensava sobre minha decisão se perdêssemos, e até se ganhássemos. Ponderei que seria muito ruim para o Ricardo ser sacado do último jogo, que ele precisava passar por aquela experiência e que nós estaríamos na quadra para ajudá-lo. Acrescentei que não me perdoaria se o visse capengando de dor e perdendo um jogo que, em forma, ele jamais perderia. Que ele não merecia um vexame assim e eu não seria responsável por isso. Por fim, afirmei que estava ali para tomar decisões difíceis, respeitar essa atribuição e conviver com a discrepância que às vezes surge entre as intenções e os resultados. Quando nos despedimos, Guga estava bravo, decepcionado. Pedi a ele que desse força ao Ricardo, que usasse a liderança que sempre teve para incentivá-lo. Era disso que o time precisava.

Quando saí do quarto para procurar o Ricardo e comunicar-lhe nossos planos, vi o grande Guga sentado ao lado dele, transmitindo experiência e coragem, e me senti mais confiante para um domingo que foi extremamente difícil e sofrido, mas que terminou bem. Como era esperado, Horna venceu Saretta por 3 sets a 1, mas Ricardinho jogou muito bem e ganhou o quinto ponto para o Brasil, derrotando Miranda também por 3 a 1. Na comemoração dentro da quadra, depois que abracei o Ricardo, a primeira pessoa que vi foi o Guga. Lembro-me das palavras dele: "Grande decisão, Fino. Parabéns."

"Un día lo vas a entender", dizia o velho capitão. As cracas impedem que o veleiro atinja sua velocidade normal e limitam a naturalidade de seus movimentos na água. São como os problemas que não resolvemos e carregamos desnecessariamente, até se tornarem pesados demais. Ou quando não nos posicionamos numa determinada situação e permitimos que outra pessoa o faça por nós. Limpar as cracas é atuar sobre o que é nossa responsabilidade, para que o barco navegue com liberdade. Naquele dia, eu entendi de verdade.

As lembranças dos bons momentos juntos aquecem o coração, mas também fazem aumentar minha saudade

Tus Besos Fueron Míos

A decisão de parar foi tomada bem antes do Pan de 2003. Por ironia, ou destino, a mesma pessoa que prolongou minha carreira por mais de dois anos teve a clareza e a honestidade de me dizer que não dava mais. "Bebe" Pérez só me fez um pedido: que meu último jogo não fosse uma derrota em Roland Garros. Tinha que ser no Pan de Santo Domingo, com a camisa do país que escolhi.

Sempre falei abertamente sobre o que se passava em minha cabeça durante os momentos mais difíceis da final do Pan contra Marcelo Ríos. Perdendo por um set e enfrentando cinco match-points, eu pensava, sim, que não poderia deixar de lutar em meu último dia como tenista. As derrotas nas semifinais em Atlanta e Roland Garros me deram o combustível para que eu me recusasse a "falhar" de novo, mas foi a realização da despedida, do fim, da diferença entre ir embora comemorando ou lamentando, que me carregou nos trechos mais complicados do jogo.

O momento dessa vitória é impossível de traduzir, porque, além da mistura de sensações, eu mesmo custei a crer que havia virado o jogo, tinha vencido em minha última aparição e teria uma medalha para simbolizar não só aquele dia, mas todos os dias da minha vida nas quadras. Quando cheguei à República Dominicana, eu estava absolutamente decidido a me aposentar no Pan, mas confesso que administrar o pós-medalha não foi muito fácil. Eu queria vencer, é óbvio, mas esse tipo de coisa não se planeja. Na teoria, seria maravilhoso ganhar meu último torneio e ter um conto de fadas para contar. No dia a dia do esporte, porém, as coisas são muito mais simples: um jogo após outro, um adversário diferente para estudar e enfrentar.

Eu estava agradecido por poder encerrar minha carreira representando meu país num torneio tão importante e, ao mesmo tempo, concentrado em fazer meu melhor para não ter que lidar com nenhum arrependimento. Um encontro com Ríos no jogo da medalha de ouro era o encaminhamento natural das coisas, mas no esporte não há garantias. E quando sobramos só nós dois, meu respeito por ele não me permitiu pensar no que faria caso ganhasse. Seria um erro imperdoável, além de uma distração que eu não precisava criar para mim mesmo.

Ríos não estava em seu melhor momento, mas talento não expira, e de tenistas como ele se pode esperar de tudo. Ele tinha certeza de que terminaria a semana com ouro no peito e grana no bolso – o Comitê Olímpico Chileno havia lhe prometido um bônus gordo pela conquista. A história dos nossos confrontos seguia um padrão bem estabelecido: jogos equilibrados, alguns excessos de comportamento e vitórias dele, sempre. Às vésperas da final, meu problema não era apenas Marcelo Ríos, mas o fato de que uma derrota significaria um reencontro com a sensação de fraquejar em uma grande oportunidade. "Faça diferente, faça melhor", sugeriu meu pai, sempre procurando me acessar pelo lado mental. "O resultado das outras vezes você já tem. Lute e acredite mais." Foi o que fiz.

Muita gente veio falar comigo para me convencer a seguir jogando e "aproveitar o momento". Um ex-atleta e ex-dirigente do COB me disse, com todas as letras, antes da entrevista coletiva após a partida: "Não confirme que você vai parar. A medalha vai te trazer muitas propostas. Ganhe um dinheiro e depois se retire, com calma." A sugestão não me agradou nem um pouco. Eu nunca agi dessa forma em minha relação com o trabalho, e não seria numa ocasião como aquela que o faria. Reafirmei minha decisão publicamente, porque era algo que eu tinha muito claro dentro de mim. A festa de comemoração foi num bar à beira-mar, junto com o pessoal da vela. Ao voltar para a Vila Pan-Americana, a primeira coisa que fiz foi ligar para casa.

"Não espero de você uma atitude irresponsável e até mesquinha. Você estaria enganando as pessoas, os torcedores e seus patrocinadores. Talvez tivesse mais dinheiro no banco, mas ele não te pertence mais. Você já decidiu. Durma tranquilo e feliz", disse meu pai, claro e incisivo como de costume, quando mencionei o que tinha ouvido. Desde então, essas frases me voltam à mente sempre que me vejo diante de algumas encruzilhadas e me ajudam a ser verdadeiro comigo mesmo e com os outros. "Las decisiones del corazón están siempre ciertas", é outro mandamento que levo comigo.

Ao voltar para São Paulo, um jantar com minha família e meus amigos me esperava numa cantina italiana. Fui direto do aeroporto, de uniforme e com a medalha no peito. Meus pais saíram de Angra dos Reis, minha irmã viajou de Campinas, e nos encontramos lá, reunidos para celebrar. As horas foram passando, as sensações, se acalmando, e a vontade de agradecer a meu pai me fez levantar e chamá-lo para perto de mim. Tirei a medalha e a coloquei no pescoço dele, num gesto de gratidão que representava tudo que vivemos, juntos, desde que viemos para o Brasil. Foi por causa do suporte e da generosidade deles que eu consegui concretizar o sonho de jogar tênis. Foi por serem compreensivos que pude escolher a cidadania brasileira e jogar internacionalmente pelo país que nos recebeu. A vitória na despedida, em pleno Dia dos Pais, encerrou essa história linda que construímos juntos.

No momento em que escrevo estas linhas, uma lágrima me escapa, exatamente como aconteceu quando ofereci a medalha a meu pai. Não dissemos nada um ao outro, porque não era necessário e talvez nem conseguíssemos. O velho Osvaldo sabia muito bem qual era a mensagem embutida naquele gesto, e eu sempre terei a lembrança da emoção que vi nos olhos dele. Nos abraçamos, dei um beijo em sua testa e recebi um dele. O valor da medalha não é medido pelo metal, mas pela quantidade de vida que ela carrega.

Las decisiones del corazón están siempre ciertas.

*Como dizem, tal pai, tal
filho... mas o que me importa
mesmo é ser parecido
com ele como pessoa e pai*

Padre Nuestro

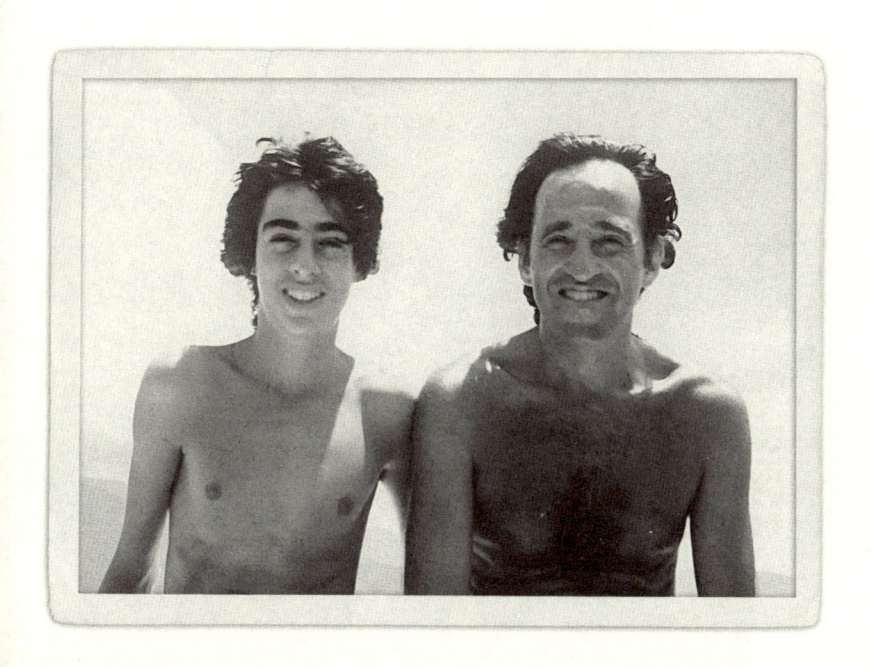

Quando pequeno, eu era tímido. Quando cresci, tinha dúvidas. Como tenista, precisava de direção. Muitas vezes senti necessidade de recorrer a alguém, e ele era o primeiro escolhido. Era também o primeiro a se apresentar. Para ele, o gesto de ajudar ou aconselhar não tinha relação alguma com passar a mão na cabeça ou deixar de dizer algo porque havia o risco de doer um pouco mais. O certo sempre tinha que ser dito. E ele também era um grande ouvinte. Absorvia, esperava, refletia e, com a clareza dos que já ouviram, absorveram, esperaram e refletiram muito, oferecia respostas que podiam não ser o que a gente imaginava ou gostaria de receber, mas eram integralmente sinceras e tinham sempre a intenção de colaborar. Com ele, era possível conversar sobre tudo. Ele sempre estava à altura do momento e de sua importância.

Nossa relação era muito mais que a de pai e filho. Ou era exatamente o que todas as relações entre pais e filhos devem ser. Ele sempre foi mais que um pai. Um amigo, um guru, "uma orelha", como dizia. Jamais cogitei a possibilidade de perdê-lo. Como se pode perder alguém que está presente em todas as horas, lugares e situações? Você não imagina, não espera. Quando acontece, não aceita. Quando ele teve câncer pela primeira vez, nos aproximamos ainda mais. Não tanto em encontros, porque ele seguiu morando em Angra dos Reis e eu, em São Paulo, mas em sentimento. Ele sempre foi muito forte e se cuidava. Nas ocasiões em que falávamos sobre o tratamento que precisava fazer, meu pai reagia com tranquilidade e confiança: "Nada me va a pasar, pibe." Ele não tinha como saber isso, mas queria que eu soubesse que ficaria bem.

Perdê-lo foi a pior coisa que me ocorreu na vida. Continua sendo a pior coisa que me ocorreu na vida. Estávamos em casa quando a notícia chegou. A sensação foi indescritível. Lembro-me de sentir um buraco enorme por dentro e muito medo, como se estivesse caindo em um abismo. Mas não chorei. É contraditório, eu sei, mas foi parte de um processo de transição de responsabilidade que me impus. Vi minha irmã e minha mãe destruídas pela perda e pensei: "Se ele estivesse aqui e visse isso, cuidaria delas. Como não está, e não estará, chegou minha vez."

Ele passou a vida nos ensinando sem dizer o que deveríamos fazer ou como. Instruía sem mostrar o resultado final. Ele sempre estava. Sempre esteve. E agora? Na noite anterior, ao me despedir, agradeci. Agradeci por me ensinar a ser pai. Disse que eu seria "un boludo" se não fosse um pai incrível. Era só ser 10% do que ele foi. Ele já não falava, mas tenho certeza que me ouviu. Pedi que não me deixasse sozinho. Que me ajudasse a tomar a decisão certa nas horas difíceis da vida. Entre o adeus e a notícia, não vivi, mas prometi a mim mesmo que seria o que ele me pediu: além de um grande homem e um grande pai, uma pessoa que não estragasse a Carol, minha mulher, ou nossos filhos. As palavras dele: "Deixe que eles sejam o que quiserem. Não imponha, incentive."

Sinto saudade, sinto dor. Escrever sobre ele é um remédio. Falar dele, uma alegria. Cada vez que me lembro do Osvaldo ou o menciono em um texto, é como se ele ainda estivesse aqui. Não se pode medir a tristeza por perder alguém tão querido e importante, mas às vezes tenho a sensação de que não o perdi. Sinto que ele continua me observando. Vou contar algo pela primeira vez: quando a saudade é muito grande, vou até o mar, olho para sua imensidão e sinto meu pai lá longe, navegando e me olhando com o sorriso que ele sempre me devolvia nas grandes vitórias ou nos piores momentos. Quando tenho que refletir e agir em situações sensíveis, peço proteção. Peço coerência. E, como ele dizia, peço "caminos abiertos".

As nossas casas são mais tristes sem ele, têm menos histórias. Todos nós sentimos muito a falta do líder da família. Esse lugar sempre será dele. Que saudade… Penso no que faria se pudesse tê-lo por mais um dia. Subiria no veleiro, colocaria um tango para tocar, abriria um bom vinho argentino para brindar, correria para ajudar a içar as velas,

Deixe que seus filhos sejam o que quiserem. Não imponha, incentive.

sentiria o vento na cara e simplesmente o deixaria falar. Eu ficaria ali, escutando suas histórias de vida pelas águas de Angra dos Reis em direção a Ilha Grande. Como é duro viver sin vos, viejo querido. Pode parecer estranho, mas não sei de cabeça a data em que meu pai nos deixou. Nem mesmo o ano. Lembro-me muito dele todo dia 25 de julho, seu aniversário, e a saudade me atormenta de um jeito diferente por alguns dias. As pessoas dizem que, com o tempo, acabamos nos acostumando com a ausência. Não creio que seja possível. Para mim, não será.

*Meu pai e Paula, "a preferida",
inseparáveis, sempre tiveram
uma ligação profunda
que permanece até hoje*

Cuándo Volverás?
—
por Paula Meligeni

Te extraño todos los días. Sinto tua falta em tudo. Nos pequenos detalhes, nas tomadas de decisão. Sinto falta da tua voz serena. Nossa, como me faz falta... Você não gostava de falar ao telefone, era raro, mas quando a gente se falava sempre era bom e importante. Sinto falta dos conselhos, sempre dados com muito cuidado. Sinto falta de você. Do teu abraço enorme que me acolhia com tanto amor, do teu cheiro, do teu beijo. Do teu amor. De como eu me sentia amada e importante. Porque tudo era importante pra você. Qualquer assunto era importante.

Sinto falta de casa, das conversas na cozinha. Da pizza e do churrasco. Dos nossos papos pedalando pela ciclovia, em Angra, até a praia. Das broncas no veleiro quando eu não fazia as coisas como você queria. Das noites em Sítio Forte ou no Saco do Céu. Só a gente, nós quatro. Queria poder viver tudo de novo.

Sinto falta da tua força e do teu encorajamento. Da visão positiva sobre tudo. De como você mostrava que as coisas podem estar difíceis, mas vão melhorar e seguiremos adiante. Mas a gente tem uma sintonia tão grande que, mesmo que você não esteja fisicamente aqui, eu consigo te sentir comigo. Você nunca apareceu nos meus sonhos. E olha que eu tenho pedido muito, porque tenho uma necessidade enorme de te rever. Você não aparece, mas dá seu jeito de me mostrar que está por perto. Vejo você nas borboletas que surgem do nada em momentos importantes. Com certeza você está nelas. Dizem que as borboletas aparecem quando alguém que se foi quer se fazer presente. Passei a acreditar nisso, e, quando vejo uma borboleta, tenho certeza de que é você. Você também está no mar. É só eu pisar na areia que logo vejo um veleiro. Deve ser você navegando por aí.

E assim vou indo, tentando entender por que você se foi tão cedo, com tanta coisa para a gente viver ainda. Confesso que está difícil. Muito difícil. Mas me esforço. A mamãe, o Fer e eu ficamos muito mais unidos. Cuidamos uns dos outros com muito amor e respeito. É um aprendizado que você deixou. Cuidamos uns dos outros como fizemos a vida inteira. Família.

Felizes as crianças por terem tido a oportunidade de estar com você. Você é a maior saudade deles, a minha maior saudade, a maior saudade de todos nós. Meu maior amor. Onde estiver, tenho certeza de que cuida de todos e está feliz com tudo que estamos conquistando. Em alguns momentos, imagino você irado e começo a rir, mas acho que estamos indo bem.

Ah, eu não desisti, não. Te espero em algum dos meus sonhos.

Você deve estar ocupado, cuidando da minha Lila aí, mas faz uma forcinha e vem me ver.

Te amo con todo mi corazón, para siempre.

Agradecimentos

Quero agradecer à minha querida mãe. Cada palavra, cada movimento desta família aconteceu graças à sua interminável garra e dedicação. Sua força nos motivou diariamente a ser melhores e mais unidos. Também agradeço à minha querida irmã, referência, parceira, adversária, confidente, que tanto me ensinou e ensina.

Obrigado à minha família, que me incentivou, me viu chorar e rir ouvindo tangos e fez as perguntas fundamentais para que minhas lembranças se fortalecessem. Carol, Gael e Alice: amo vocês.

Este livro só existe por causa de uma ideia jogada numa mensagem de WhatsApp pelo Wagner Prado, o Wagnão, que tanto respeito e admiro.

Por último, mas mais do que fundamental: André Kfouri. Que sorte ter você ao meu lado escrevendo, debatendo e ensinando. Você é gigante. Te agradeço por ter entrado neste sonho tão complexo e emocionante. Sem tua sensibilidade e amizade eu não teria coragem nem força. Você vive dizendo que o prazer é todo seu. Hoje eu digo: o prazer foi todo meu.

— *Fernando Meligeni*

Meus pais, Juca e Susana, a quem agradeço por acompanharem com carinho a construção deste projeto, adorariam ter conhecido o Osvaldo. Tenho certeza de que o Osvaldo também adoraria tê-los conhecido.

Agradeço a Martín Fernandez, pela leitura atenta e pelas opiniões valiosas durante o trabalho.

E não posso deixar de agradecer aos Meligeni, gente rara neste mundo, pelo acolhimento, pela generosidade e pela gentileza de sempre.

— André Kfouri

CONHEÇA ALGUNS DESTAQUES DE NOSSO CATÁLOGO

- Augusto Cury: Você é insubstituível (2,8 milhões de livros vendidos), Nunca desista de seus sonhos (2,7 milhões de livros vendidos) e O médico da emoção
- Dale Carnegie: Como fazer amigos e influenciar pessoas (16 milhões de livros vendidos) e Como evitar preocupações e começar a viver
- Brené Brown: A coragem de ser imperfeito – Como aceitar a própria vulnerabilidade e vencer a vergonha (900 mil livros vendidos)
- T. Harv Eker: Os segredos da mente milionária (3 milhões de livros vendidos)
- Gustavo Cerbasi: Casais inteligentes enriquecem juntos (1,2 milhão de livros vendidos) e Como organizar sua vida financeira
- Greg McKeown: Essencialismo – A disciplinada busca por menos (700 mil livros vendidos) e Sem esforço – Torne mais fácil o que é mais importante
- Haemin Sunim: As coisas que você só vê quando desacelera (700 mil livros vendidos) e Amor pelas coisas imperfeitas
- Ana Claudia Quintana Arantes: A morte é um dia que vale a pena viver (650 mil livros vendidos) e Pra vida toda valer a pena viver
- Ichiro Kishimi e Fumitake Koga: A coragem de não agradar – Como se libertar da opinião dos outros (350 mil livros vendidos)
- Simon Sinek: Comece pelo porquê (350 mil livros vendidos) e O jogo infinito
- Robert B. Cialdini: As armas da persuasão (500 mil livros vendidos)
- Eckhart Tolle: O poder do agora (1,2 milhão de livros vendidos)
- Edith Eva Eger: A bailarina de Auschwitz (600 mil livros vendidos)
- Cristina Núñez Pereira e Rafael R. Valcárcel: Emocionário – Um guia lúdico para lidar com as emoções (800 mil livros vendidos)
- Nizan Guanaes e Arthur Guerra: Você aguenta ser feliz? – Como cuidar da saúde mental e física para ter qualidade de vida
- Suhas Kshirsagar: Mude seus horários, mude sua vida – Como usar o relógio biológico para perder peso, reduzir o estresse e ter mais saúde e energia

sextante.com.br